中華武術文庫·古籍部

太極拳譜

〔清〕王宗岳等著
沈壽點校考释

（修訂本）

中國武術協會 審定
人民體育出版社出版

图书在版编目（CIP）数据

太极拳谱 /（清）王宗岳等著；沈寿点校考译. -2版（修订本）. --北京：人民体育出版社，1995重印（2024.4重印）

ISBN 978-7-5009-1192-0

Ⅰ. 太… Ⅱ. ①王… ②沈… Ⅲ. 太极拳-古典理论-文集 Ⅳ. G852.11

中国版本图书馆CIP数据核字(95)第04816号

*

人民体育出版社出版发行

北京新华印刷有限公司印刷

新　华　书　店　经　销

*

850×1168　32开本　11.875印张　140千字

1991年10月第1版　　1995年7月第2版

2024年4月第20次印刷

印数：86,441—89,440册

*

ISBN 978-7-5009-1192-0

定价：40.00元

社址：北京市东城区体育馆路8号（天坛公园东门）

电话：67151482（发行部）　　邮编：100061

传真：67151483　　邮购：67118491

网址：www.psphpress.com

（购买本社图书，如遇有缺损页可与邮购部联系）

出版説明

為了繼承和發展中華民族優秀文化遺産，挖掘整理武術優秀傳統套路，介紹武術科研成果，整理武術古籍和建國後各地出版的優秀武術圖書，使武術圖書係列化，我們出版了這套中華武術文庫，由中國武術協會審定。

『文庫』按『部』、『類』、『册』的序列陸續出版，包括新中國成立以前歷代的優秀武術圖書和人物傳記，以及建國以後挖掘整理的成果、新創編的拳械套路、理論著述和包括台灣省及港澳在内的各地出版的優秀武術圖書。總之，舉凡古今優秀武術專著、優秀套路和武林名人等，都分别按屬性編入『理論部』、『古籍部』、『人物部』、『拳械部』（包括『拳術類』、『器械類』）。這本太極拳譜是中華武術文庫『古籍部』之一。

本『文庫』力求内容科學準確，道理深入淺出，文字通俗易懂，材料翔實，圖文並茂，便於自學，利於查閱。收入「古籍部」的圖書，經過標點校勘，力求達到較高的版本水平。我們希望中華武術文庫成為武術工作者和愛好者喜愛的大型武術叢書。

目錄

卷三

卷六

卷七

卷八

卷九

卷十二　陳譜：清末陳鑫太極拳論著（一）

卷十三

卷十四　附録：太極拳譜序跋等文獻

珍品圖書修訂本説明

我社建社四十余年，出版了許許多多深受讀者歡迎的圖書。這些書一版再版，顯示出蓬勃的生命力。書是人類的良師益友，體育圖書更是體育愛好者、體育工作者的摯友。為了使廣大讀者與自己鐘愛的圖書相伴相隨，我社精選了一批優秀圖書，根據讀者的反饋意見，對其中部分圖書的内容和書名進行了修訂和更改，并重新設計裝幀，作為珍品奉獻給讀者。相信這些珍品定然會進入人們的雅室，使新、老讀者開卷有益。

人民體育出版社

卷首　序　言

一

中華武術，源遠流長，可追溯到數千年之前。而東漢班固（公元三二——九二年）所修撰的漢書・藝文志，就已記載了「兵書」類、「兵技巧」十三家的書目，如劍道、手搏、射法等等。這充分地說明，我國至遲在西漢時期已經有了武術典籍，而且是歸屬於兵家技藝範圍的。此後，在漫長的社會發展過程中，人們積累了更多的武術實踐經驗，並提煉昇華爲精辟的武術理論。這無疑是祖國古代優秀文化遺産的組成部份。

迨至近古，太極拳從中崛起，逐漸地發展成爲中華武術最著名的拳種之一。由於太極拳兼具競技、防身、健體、娛樂、表演、防病、療疾和延年益壽等多種功用，因此，深獲群衆的喜愛。而太極拳的古典理論，那更是素負盛名的。也許正因爲這個緣故，早在一九八五年初，經國家體育運動委員會批准，在第一批待整理的古代武術典籍書目中，就列有太極拳譜一書。

一九八五年秋，筆者接受人民體育出版社的委託，從事搜集、整理、點校本書。由茲而今，歷時三年有半，方使完成這部十四卷本太極拳譜的全部整理工作。但願它能趕上中華武術走向世界、爲人類造福的大好時光，能够受到國内、國際廣大的太極拳愛好者的普遍歡迎。同時，也期望它能够成爲武術家和體育史家所喜愛的古代體育典籍之一，能够爲他們所從事的太極拳術及其歷史之教學與研究工作帶來方便。

據我知道，無論國內、國外，確實有不少太極拳愛好者渴求一讀太極拳譜而不可得，尤其是希望能整理出版一部薈萃各家太極拳古典理論的太極拳譜，而不只是寥寥數篇。這不僅僅是許多讀者所期望的，而且也是已故的老武術家温敬銘先生（一九〇五——一九八五）的遺願。他生前曾多次來信，希望我能從事這一部古籍的整理工作，並認爲這是繁榮武術學術和促進太極拳走向世界的一種需要，也是振興中華武術的當務之急。而今，當我們將這部太極拳譜奉獻給國內外廣大讀者的時候，也就借作序之機，告慰武術界所有關切和支持過這一工作的新朋故友，並致以誠摯的謝意。

二

這部十四卷本太極拳譜，其前十三卷，共選收各家太極拳古典理論文獻一百四十篇；其末卷（即第十四卷），別選有關太極拳譜的序、跋、題記，以及有關太極拳家的行略、傳記等重要文獻七篇。以上總共一百四十七篇(首)。這可説自太極拳創始以來收文最多、内容最爲豐富多彩的一部太極拳譜了。

〔一〕就文章的體裁而論，全書既有闡述太極拳基本理論的論説文，又有歌訣、字訣等太極拳秘要之訣，以及古老的勢架名目。

〔二〕就文章的内容而論，全書所載古典拳論、拳訣，雖以講論太極拳的戰略、戰術和技術爲主，却寓有哲學、倫理學、中醫學、心理學、生理學和運動力學等多種學問。對此，是可以通過實踐和對照現代科學，來加以檢驗和判別其中的精華和糟粕的。這將爲建立「太極拳學」提供傳統的理論基礎。至於第十四卷所收的太極拳史料，那不但是研究太極拳譜者所必讀的，而且也是研究太極拳源流所必備的重要文獻。

〔三〕就太極拳各學派而論，全書有「王譜」、「楊譜」、「武譜」、「李譜」、「牛譜」、「宋譜」、「陳譜」等等。凡屬各學派精粹的古典理論，本書是無不兼收並蓄和刻意搜求的。如當今民間傳布較廣的陳、楊、吴、武、孫五大學派，其各自所崇奉的古代經典著作，一般在本書中是都可以找到的。這樣，在客觀上就有助於學者擴展眼界，不囿於一家或一孔之見，有利於廣泛地開展太極拳的學術交流，淡化和消除一些陳腐狹隘的門户觀念，促進相互汲取、借鑒他派的精華，從而也有利於太極拳界的進步和團結。在學術和技藝的交流方面，似應重視「古爲今用」、「百家爭鳴」和「百花齊放，推陳出新」的方針，克服「唯我獨尊」的思想，倡導「天下太極是一家」的精神，藉以共同爲人類造福。

〔四〕就作品的時代跨度而論，全書以清代作品爲主，但也有明末清初陳王廷和清末民初陳鑫的作品。至於陳鑫的著作，因始撰於晚清，而終成於民初，既是跨朝代的，又是難以分清其某一篇究竟著於晚清還是民初的。再者，據有的武術史家考證認爲：託始於唐代人著述的「宋譜」，疑是宋書銘自著。而「宋譜」是民初才公開的，若果真是宋某自著的依託古人之作，那很有可能是他於民初所撰寫的。這樣屈指計算，全書所收作品的著作年代，乃始於明末而終於民初，其時代跨度已達三百年左右，這也算得上歷史悠久了。

不過，儘管這部太極拳譜收羅較廣，内容繁富，説理精到，然而它畢竟是一部選本，仍難免會有遺珠之憾。同時，作爲一部古代武術典籍，限於原著者各自的文化素養，以及思想和歷史的局限性，因而凡入選的作品，固然具有其精華之所在，却也不免會夾雜着一些封建糟粕。對此，是必須由讀者自己去分析辨别和批判對待，取其精華，棄其糟粕，借以達到從我國古代可寶貴的武術文化遺産中吸收營養的目的，而不是「囫圇吞棗」。古人説：「盡信書，則不如無書。」這話是很有道理的。

三

太極拳譜這一書名，始見於清代乾隆年間（一七三六——一七九五）山西王宗岳的著作。據考，乾隆五十六至六十年（一七九一——一七九五），王宗岳曾寄寓河南洛陽和開封一帶，以教書爲生。他平素酷愛武術，精通太極拳法、陰符槍法和劍法。

咸豐二年壬子（一八五二），河北永年縣人武禹襄中了進士，出任河南舞陽縣知縣。有一天，他在舞陽鹽店偶獲王宗岳所著太極拳譜。所謂「拳譜」，實即拳術理論教材。這「譜」字，當含有廣義的準則與規範的意思，是一種按類或系統編成的書，但並非專指勢架名目。當今民間往往把勢架名目（即「拳架套路的各式動作名稱及其順序」）稱作「拳譜」，但這祇能説是狹義的拳譜。從王宗岳太極拳譜所收的論文、歌訣，以及後人不斷增益的講解、秘訣和插圖等新内容看，也足以説明這正是廣義的「太極拳譜」。時至今日，「太極拳譜」這一題名，早已成爲太極拳古典理論文獻薈萃的别名了。

清代王宗岳原著的太極拳譜，是經武禹襄之幼弟武禹襄之手留傳下來的，特别是經過李亦畬手寫本的公開傳鈔而廣爲流布的。直到現在，「王譜」的這幾篇文章，仍然被太極拳家奉爲經典著作，尤其是其中太極拳論一文，在歷代所有的太極拳經典著作中，其評價是最高的。

自從「王譜」經傳鈔廣爲流布以後，後人就不斷地在此基礎上充實篇章：或作淺解，或別撰拳論，或增輯前輩太極拳家的著述。而且大都是把各自確立的譜當作秘本，不肯輕易示人或外傳，即所謂「各家都有各自的太極拳譜秘本」。而依託古人之作也往往由是而生。總之，這部十四卷本，可說是集太極拳譜「秘本」之大全了。

四

太極拳譜的版本情況相當複雜。在清代雖有過木版和石印本，但原本印數奇少，其所收文章篇數也是不多的。而整個清代所流傳的太極拳譜，一直是以手寫本爲主的，並且其内容也不盡是相同的。加上輾轉傳鈔，致使有的文字舛誤幾不可讀。有的限於所謂「秘本」不肯輕易示人，以致其中明顯的錯別字竟然經歷一、二百年猶得不到改正。不少錯字，直到這次整理時發現，方始予以訂正。

可是，即使出於同一個人手寫的著作，其文字也會有出入的。如李福蔭在廉讓堂本太極拳譜・序中說：「外間鈔本過多，文字間略有不同，因生疑竇，就吾質正者亦有之。……細檢家藏各本，文字間亦不相同，章篇或此前而彼後，或此多而彼少。緣先伯祖（沈按：指李亦畬）精求斯技，歷四十年，輯本非祇一册，著述屢有删改。外間鈔本因時間之不同，自難一致耳！」由是觀之，同爲李亦畬所手寫的本子，尚且「屢有删改」、「文字間亦不相同」，那就不用說外間輾轉傳寫的各種各色鈔本了。

迨至本世紀二十年代，太極拳由北而南地風行一時。嗣後，隨着各種太極拳專著的日漸增多，各刊本又大都輯入王宗岳太極拳譜等文章，因之，太極拳古典理論就開始爲更多人所賞識和推崇。其中不少篇章，經過廣大太極拳愛好者的實踐檢驗，證明它對於提高當前太極拳械和推手、散手的技藝水平，依然具有重要的指導意義，而不僅是歷史價值。尤其是爲了保持和發揚太極拳的獨特風格及技擊精華，那是不可不認真研讀太極拳譜的。然而上述各刊本的脱漏衍奪、以訛傳訛等情況，依然是相當嚴重的。這首先與轉輯翻刻太濫，以及校讐不力，有着直接的關係。其次是轉輯者的潤改情況也較普遍，個别的近乎全文改寫，令人驚愕不已！正因爲版本的情況複雜，致使整理工作顯得繁重而艱巨，還走了不少彎路哩！

五

在整理點校的過程中，我們不惜「捨易就難」，即：不僅僅是整理王宗岳太極拳譜，而是首先物色一些權威性的或較好的本子（各本名目請詳見卷首參校文獻書目索引），從各家的太極拳譜中經過初步的審校，反覆篩選出一百四十餘篇；然後編目彙纂成書稿，再按照古籍點校通例進行整理，包括校勘、標點和寫出各篇的「校記」。

這裏尚須説明幾點：

有據。

〔一〕對於每篇文章的來源，均在「校記」中逐一交代清楚，做到有根有據。

〔二〕對於有關各刊本或手寫本中的不同文字或句子，一般經過綜合分析和相互比較，然後擇善而從。凡屬改正脫漏衍奪或錯別字等情況，均在「校記」中加以說明。

〔三〕對於每首太極拳歌訣或詩文，均在其篇題下用括號標明「×言×句」的字樣，以便於讀者核實句數，這也能防止和減少在傳鈔時發生脫漏或串錯等現象。

〔四〕對於前人考證或某些有過爭議的問題，以及某些費解的詞語，我們酌情在「校記」中作些扼要的註解。然而對於有些爭議已久的問題，如：某一篇文章的作者是誰問題，究竟哪一些作品屬於僞託之作問題，以及有關太極拳的創始人是誰問題，諸如此類早在這部十四卷本出版以前存在的紛紜歧見，顯然是不可能通過這部書的整理點校而獲得解決的。而必須是有待於日後廣泛開展太極拳學術交流，作出進一步的探討和研究，才有可能解決其中的若干問題。不過，當大家的手頭上有了這部較系統、全面的十四卷本太極拳譜，那肯定會給共同探討研究帶來許多便利之處的。

〔五〕關於爲什麽把太極拳譜序跋等文獻列爲最後的第十四卷作爲「附録」問題。這是因爲這七篇包括序、跋、題記、傳略等文章，既與太極拳譜的關係極爲密切，却又不宜列作太極拳譜正文的緣故。因爲這部太極拳譜的正文（即前十三卷），原則上是以太極拳術的古典理論爲内容的。

近幾年來，爲了完成這部書的整理工作，雖然殫精竭慮，耗時費力甚大，但因限於學力，其粗疏與謬誤之處，尚希海内外讀者不吝指正。

沈壽　一九八九年三月一日脱稿、一九九〇年九月九日定稿於浙江省寧波市

參校文獻書目索引

（以見於本書内之先後爲序）

〔一〕「萬本」：工楷手寫本，内容依次爲楊氏太極拳老譜、王宗岳著太極拳譜和宋書銘傳鈔太極拳譜（以下簡稱「楊譜」、「王譜」和「宋譜」），實是三者的合訂本。因其所用的十行紙，在邊框外的左下角印有「萬縣興隆街裕興昌印」九個字，故簡稱「萬本」。「萬本」全書共收有關文章七十餘篇，其總書名題作太極拳功解。但從書名與内文的筆跡辨析，可判明此書名乃是後人所補加的。「萬本」在所輯録的「王譜」之前一行，别題「以下爲關於太極之雜集」十個字，説明輯寫者似有重「楊譜」而輕「王譜」的傾向。

（二）「**許本**」：許龗厚（即許禹生，一八七九——一九四五）著太極拳勢圖解，一九二一年北京京城印書局出版。許爲楊健侯（一八三九——一九一七）的學生。該書所收太極拳經一文，實即王宗岳原著太極拳論。

（三）「**李本**」：清代李亦畬（一八三二——一八九二）輯，近人唐豪（一八九七——一九五九）考釋：廉讓堂本太極拳譜。見一九六四年人民體育出版社出版，唐豪、顧留馨（一九〇八——一九九〇）編著太極拳研究一書第一三六——一六九頁。「李本」内容包括「王譜」與武禹襄（一八一二——一八八〇）、李亦畬等人的拳論、拳訣。原譜共收文章十七篇，前有李亦畬之姪孫李福蔭序。

（四）「**澄本**」：楊澄甫（一八八三——一九三六）著太極拳使用法，一九三一年文光印務館出版。書内除收有王宗岳太極拳論等文章外，别有「楊譜」十餘篇。
〔五〕「微本」：陳微明（一八八一——一九五八）著太極拳術，一九二五年上海中華書局出版。所輯以「王譜」爲主。陳爲楊澄甫的學生，一九二五年曾在上海創設致柔拳社。
〔六〕「徐本」：徐致一（一八九二——一九六八）著太極拳淺説，一九二七年上海文華圖書印刷公司出版。徐爲吴鑒泉（一八七〇——一九四二）的學生。書中所收「王譜」等數篇，係據「微本」等書轉輯。
〔七〕「卞本」：卞人傑著國技概論，一九三六年上海正中書局出版，一九四八年再版。
〔八〕「郝本」：郝和藏本，原是李亦畬於清光緒七年（一八八一）寫贈其門生郝和（一八四九——一九二〇）的太極拳譜，是李亦畬在晚年用工楷繕寫的三本太極拳譜之一。「郝本」封面上的原題名作王宗岳太極拳論，其下註明「後附小序並五字訣」八個字。「郝本」由郝和傳給其子月如（一八七七——一九三五），月如又傳子少如（一九〇八——一九八三），少如故世後，由其學生王慕吟收藏。

〔九〕「關本」：關葆謙所藏一九一二年「楊譜」之傳鈔本。

〔十〕「馬本」：李亦畬之姨甥馬印書（即馬同文）之傳鈔本，據稱鈔自李亦畬繕寫於同治六年（一八六七）的太極拳譜，其内容與「李本」大同小異。

〔十一〕「于本」：于化行著武當真傳太極拳全書，一九三五年濟南民衆書局出版。于爲楊澄甫的學生。

〔十二〕「炎本」：陳炎林著太極拳刀劍桿散手合編，一九四三年上海國光書局出版。

〔十三〕「圖本」：吳圖南（一八八四——一九八九）著太極拳，一九三一年上海商務印書館出版。吳圖南，蒙族，原名烏拉布，爲吳鑒泉和楊少侯（一八六二——一九三〇）的學生。

〔十四〕「子本」：陳子明（？——一九五一）著陳氏拳械彙編。陳子明爲陳復元之子，河南温縣陳家溝陳氏第十八世。

〔十五〕「儀本」：河南温縣陳家溝兩儀堂太極拳譜傳鈔本。

〔十六〕「楊本」：楊澄甫著太極拳體用全書，一九三四年上海大東書局出版。

〔十七〕「少本」：郝少如編著武式太極拳，一九六三年人民體育出版社出版。

〔十八〕「啟本」：李亦畬晚年寫贈其胞弟李啟軒的太極拳譜。

〔十九〕「孫本」：孫禄堂（一八六〇——一九三三）原著、孫劍雲整理孫式太極拳，一九五七年人民體育出版社出版。孫劍雲（一九一四——）爲孫禄堂之女。此書實係據一九二四年上海中華書局出版的孫禄堂著太極拳學一書整理改寫的。

〔二十〕「傅本」：傅鍾文（一九〇三——）演述楊式太極拳 一九六三

年人民體育出版社出版。傅爲楊澄甫的學生。

〔二十一〕「姚本」：姚馥春、姜容樵（一八九二——一九七四）合編太極拳講義，一九三〇年上海武學書局出版。該書中有太極拳譜釋義一章，據姜容樵稱：「余與姚君馥春得鈔本於湯君士林，並得湯君詳細解説，其原文較世所傳者多三分之一，皆太極之要訣。」又説：「余與姚君馥春，得乾隆時之抄本，復得光緒初年之木版書，與近世所傳者大同小異，其理與法則一耳！」

〔二十二〕「鑫本」：陳鑫（一八四九——一九二九）著陳氏太極拳圖説，原名太極拳圖畫講義，又名太極拳勢，原書稿寫於一九〇八——一九一九年，前後歷時十二年方始完成。一九三三年河南開封開明印刷局出版。陳鑫字品三，陳家溝陳氏十六世。本書係後人據陳鑫遺稿編輯訂補出版的，陳鑫所寫的原書題名無「陳氏」二字。書稿編輯者爲陳鑫之胞姪陳雪元、陳春元，參訂者爲陳鑫之孫女陳淑貞和孫子陳金鰲、陳紹棟，訂補者爲杜育萬、王圜白。又據顧留馨所撰陳鑫傳説：「一九三〇年冬末，唐豪約陳子明去陳家溝搜集太極拳史料，見其（校者按：指陳鑫）遺稿而善之。一九三一年春初，向河南國術館館長關百益建議購其書，關氏遂集資七百元向椿元（校者按：即陳春元）購得一本，交開封開明書局於一九三三年出版，線裝四册。」（見唐豪、顧留馨編著太極拳研究第一九三頁。）

〔二十三〕「**沈本**」：沈家楨（一八九一——一九七二）從楊澄甫老師處抄來的太極拳譜，據稱共有四十三篇論文，是由楊禄禪（一七九九——一八七二，即楊露禪，以下同）傳下來的，其中有王宗岳太極拳論，也有十三勢行工心解。原書名題爲王宗岳太極拳譜。顧留馨選録「沈本」十四篇，將其輯入太極拳研究一書中（見該書第一七四——一七九頁），並加上「楊澄甫傳鈔太極拳譜」的標題。

〔二十四〕「**佑本**」：見於吳公藻（一八九九——一九八三）編太極拳講義中第三十七——八十一頁的楊氏太極拳老譜鈔本的影印件，共計四十篇。封面蓋有吳鑑泉和吳愛仁堂等印章，書名題作太極法説。封二有吳公藻的題記：

「此書乃先祖吳全佑府君拜門後由班侯老師所授，是於端芳親王府內抄本，在我家已一百多年，公藻在童年時即保存到如今。吳公藻識。」一九八五年，上海書店據一九三六年上海鑑泉太極拳社初版重印吳公藻編太極拳講義一書時，在出版說明中談到：「吳式太極拳是吳全佑從學於楊班侯（一八三七——一八九二），而傳其子吳鑑泉經過改編而成的。……一九三五年，吳公藻曾有太極拳講義一書出版，文字簡要而於太極要義闡發詳盡，久已遐邇武林。近年又於香港再版，名吳家太極拳，後增附楊班侯傳吳全佑之手抄秘本並吳鑑泉、公儀父子拳照。今搜得舊本，並以手抄秘本、吳氏父子拳照合併影印。讀者得此一篇，猶如親承吳氏傳授，拳藝定可驟進」云云。由此說明「楊班侯傳吳全佑之手抄秘本」（即「佑本」），乃是近年在香港再版時增附的。全佑（一八三四——一九〇二），滿族，河北大興縣人，其子吳鑑泉原名艾紳（一八八四年版體育詞典作「愛紳」），在辛亥革命後始從漢姓「吳」，這說明「吳全佑」只是後人對他的稱呼而已。鑑泉有二子，長子公儀，次子公藻。「佑本」

因與「萬本」之「楊譜」同出一源，故文字出入不大。

〔二十五〕「鍾本」：傅鍾文示範、蔡龍雲（一九二八——）編寫太極刀，一九五九年人民體育出版社出版。

〔二十六〕「顧本」：唐豪、顧留馨編著太極拳研究，一九六四年人民體育出版社出版。該書納入唐豪考釋「李本」，餘均爲顧氏編著。書中所輯除上述「李本」、「沈本」外，尚有陳王廷（約一六〇〇——一六八〇）拳經總歌、陳鑫太極拳經譜和太極拳纏絲勁論，以及宋書銘傳鈔太極拳譜（簡稱「宋譜」）。「顧本」所選輯的「宋譜」僅四篇，即：十六關要論、心會要訣、八字歌、功用歌。篇後有顧氏附識，說這些文章「疑爲宋書銘自著，託始於唐人。」

〔二十七〕「午本」：王新午編著太極拳法實踐，一九五九年陝西人民出版社出版，係據其一九二七年出版的舊著太極拳法闡宗一書修訂改寫而成。王新午名華傑，爲吳鑒泉、紀子修、許禹生等人的學生。

〔二十八〕「俠本」：吳孟俠、吳兆峰編著太極拳九訣八十一式註解，一九五八年人民體育出版社出版。吳孟俠寫於一九五七年十二月的前言中說：「作者愛好武術，尤喜太極、形意、八卦等拳。三十年前，從牛師連元學習太極拳。牛師係太極拳名家楊班侯的高足，得楊氏秘傳太極拳九訣。牛師把這九個訣轉授給我，珍藏多年，不肯輕易告人。一九四〇年在昆明經金一明先生介紹與同道吳志青先生相識時，一談傾心，曾告訴他三個訣，即十三字行功訣、八字法訣和虛實訣，後於一九四三年刊入其再版的太極拳正宗一書中」云云。這說明其餘六個訣是在一九五八年方始公開的。「俠本」還輯有「太極拳五個要領原文」共五篇，但未註明其來源，今一併輯入，以供研究參考。

〔二十九〕「**志本**」：吳志青（一八八七——一九四九）著太極正宗，一九四〇年上海大東書局出版，一九四三年再版。吳於一九一八年從學於楊澄甫。

〔三十〕「**馨本**」：顧留馨著太極拳術，一九八二年上海教育出版社出版。該書第三七一——三七九頁爲「郝本」照片的影印件，此照片係郝少如生前所贈。

〔三十一〕「**楨本**」：沈家楨、顧留馨編著陳式太極拳，一九六三年人民體育出版社出版。其中第五章陳式太極拳拳論（該書第二七四——三三二頁），係顧氏從「鑫本」、「績本」和「子明本」等書轉輯或摘編的。後來在一九八二年出版的「馨本」，其第十章中陳鑫關於太極拳論著摘録一節（見該書第四○五——四三二頁），則又是從「楨本」的第五章中轉録的。

〔三十二〕「**趙本**」：趙士新（一九一七——一九八八）手鈔陳式太極拳理論資料。趙爲陳微明之姪陳尚毅的學生。

〔三十三〕「**績本**」：陳績甫（一八九二——一九七二）著陳氏太極拳彙宗，一九三五年南京版。績甫名照丕，陳家溝陳氏十八世。

〔三十四〕「**子明本**」：陳子明著陳氏世傳太極拳術，一九三二年上海版。

〔三十五〕「**旺本**」：陳小旺編著世傳陳式太極拳，一九八五年人民體育出版社出版。該書附録中有太極拳十大要論與用武要言。小旺為陳發科（一八八七——一九五七）之孫，陳家溝陳氏十九世。

卷一　王譜：清代王宗岳太極拳譜

太極拳論〔一〕

王宗岳

太極者，無極而生，動靜之機〔二〕，陰陽之母也。動之則分，靜之則合。

無過不及，隨曲就伸。人剛我柔謂之「走」，我順人背謂之「黏」〔三〕。動急則急應，動緩則緩隨。雖變化萬端，而理唯一貫〔四〕。由着〔五〕熟而漸悟懂勁，由懂勁而階及神明。然非用力之久，不能豁然貫通焉！

虛領頂勁〔六〕，氣沉丹田，不偏不倚，忽隱忽現。左重則左虛，右重則右杳。仰之則彌高，俯之則彌深。進之則愈長，退之則愈促。一羽不能加，蠅蟲不能落。人不知我，我獨知人。英雄所向無敵，蓋皆由此而及也〔七〕！

斯技旁門甚多，雖勢有區別，概不外〔八〕壯欺弱、慢讓快耳！有力打無力〔九〕，手慢讓手快，是皆先天自然之能〔十〕，非關學力而有為也〔十一〕！察「四兩撥千斤」之句，顯非力勝；觀耄耋能禦衆之形〔十二〕，快何能為?!

立如平準〔十三〕，活似車輪。偏沉則隨，雙重則滯。每見數年純功，不能運化者，率皆自為人制〔十四〕，雙重之病未悟耳！

欲避此病〔十五〕，須知陰陽：黏即是走，走即是黏；陰不離陽，陽不離陰〔十六〕；陰陽相濟，方為懂勁。懂勁後愈練愈精，默識揣摩，漸至從心所欲。

本是「捨己從人」，多誤「捨近求遠」。所謂「差之毫釐，謬之千里〔十七〕」，學者不可不詳辨焉！是為論〔十八〕。

校記

〔一〕本篇採自「萬本」，原被列入「關於太極之雜集」部份的第一篇，篇題為山右王宗岳先生太極論，「許本」作太極拳經，「李本」作山右王宗岳太極拳論。

〔二〕「**動靜之機**」「李本」、「澄本」、「微本」均無此四字，而「許本」、「徐本」等皆有之。因較早見於「許本」，故有人疑為許禹生所增。

〔三〕「**黏**」「萬本」、「許本」均作「粘」，為當時的俗寫簡體字，音義均無不同，且與今之簡化字是一致的。

〔四〕「**理唯一貫**」「萬本」、「澄本」、「許本」均作「理為一貫」；「微本」作「惟性一貫」。此句係據「李本」改。

〔五〕「**着**」一作「著」，音義均無不同。着，着法，即招法也。

〔六〕〔**虛領頂勁**〕「微本」作「虛靈頂勁」，當為陳微明所改。

〔七〕〔**蓋皆由此而及也**〕「微本」少一「皆」字。

〔八〕〔**概不外**〕「許本」、「澄本」作「概不外乎」。

〔九〕〔**有力打無力**〕「許本」作「有力讓無力」。

〔十〕〔**是皆先天自然之能**〕「許本」「是」字作「此」字。

〔十一〕〔**非關學力而有爲也**〕「許本」作「非關學力而有所為也」，增一「所」字。「卞本」則少一「為」字，作「非關學力而有也」。

〔十二〕〔**觀耄耋能禦衆之形**〕「郝本」少一「能」字；「卞本」同「郝本」。耄耋，音冒蝶，泛指老年人。

〔十三〕〔**平準**〕平，天平也。「郝本」、「卞本」作「枰準」。可通。有的刊本作「秤準」，則為筆誤或刊刻之訛。

〔十四〕〔**率皆自爲人制**〕「微本」少一「皆」字。有的刊本「自」字作「白」字，當為排印之訛。

〔十五〕「**欲避此病**」「微本」作「若欲避此病」。

〔十六〕「**陰不離陽，陽不離陰**」「李本」、「郝本」作「陽不離陰，陰不離陽」。

〔十七〕「**差之毫釐，謬之千里**」「微本」後四字作「謬以千里」。「徐本」同「微本」。此句語本漢書·司馬遷傳：「差以毫釐，謬以千里。」陳氏當據此潤改。

〔十八〕「**是爲論**」「微本」、「徐本」無此三字。「萬本」、「微本」篇末皆有評註，「萬本」的兩條小註曰：

「此論句句切實，並無一字敷衍陪襯，非有夙慧，不能悟也！先師不肯妄傳，非獨擇人，亦恐妄費功夫耳！」

「右係五當山張三豐老師遺論，欲天下豪傑延年益壽，不徒作技藝之末也。」

右列第一條註文中的「切實」二字，「微本」作「切要」；「妄費」二字，「微本」作「枉費」。書中類似的潤改現象，所在多有。

第二條註文，「微本」列在太極拳釋名一文之篇後：「原書註云：以上係武當山張三丰祖師所著，欲天下豪傑延年益壽，不徒作技藝之末也。」「徐本」前七字作「此係武當山張三丰」，餘與「萬本」相同。「澄本」與「徐本」同，惟改「張三丰」為「張三峯」。

以上「原註」，顯係後人所加，尤其是第二條註文，純屬附會而已。所謂「張三丰創太極拳」之說，亦自茲而興。前人對此作過許多考證工作，如清代李亦畬抄寫的王宗岳太極拳譜，有跋文作於光緒七年辛巳（一八八一年），據唐豪考證認為：「亦畬太極拳小序云：『太極拳不知始自何人？』譜中亦無『武當山真仙張三丰老師遺論』等註，可證太極拳附會於張三丰，乃光緒七年以後事。」（見唐豪行健齋隨筆）

關於「內家拳法起於宋之張三峯」之說，初見於清代黃宗羲所撰王征南墓誌銘一文中。該文被黃宗羲先後收入南雷文案與南雷文定（文定為選本，別有精選本南雷文約未收入此篇），文中說：「有所謂內家者，以靜制動，犯者應手即仆，故別少林為外家，蓋起於宋之張三峯。」雍正年間，曹秉仁纂修的寧波府志卷三十一張松溪傳：「張松溪，鄞人。善搏，師孫十三老。其法自言起於宋之張三峯」。以上墓誌銘與傳記，所記張三峯事跡是一致的。後人則多有將上述二文中之張三峯易名為張三丰者，（見「馨本」第三九二——三九三頁），這樣就把宋代張三峯變成與明史卷二九九方伎列傳中的張三丰同名同姓的人了。其實無論是張三峯還是張三丰，都與太極拳無甚干係，之所以人為地塑造一位「祖師」，「那不過是封建社會中，人們為了推廣一種學術，託名神仙或其他有威望的人物所留傳，以利於推行，這即使在古代的世界各國也是普遍存在的一種現象。」（請參閱沈壽太極拳法研究一書第一〇四頁，福建人民出版社一九八四年第一版。）而遺憾的是，這類陳舊的託名現象，在今天仍能找到。

至於「萬本」將武當山張三丰故意寫作「五當山張三豐」者，今一仍其舊。

太極拳釋名（一）

王宗岳

太極拳（二），一名「長拳」，又名「十三勢」（三）。長拳者，如長江大海，滔滔不絕也（四）。十三勢者，分掤、攦、擠、按，採、挒、肘、靠，進、退、顧、盼、定也（五）。

掤、攦、擠、按，即坎、離、震、兑（六）。四正方也；採、挒、肘、靠，即乾、坤、艮、巽〔七〕，四斜角也。此八卦也。進步、退步、左顧、右盼、中定，即金、木、水、火、土也。此五行也〔八〕。合而言之，曰「十三勢」〔九〕。

校記

〔一〕本篇採自「李本」，原被列為全譜的第一篇。篇題亦是「李本」所原有的，但顯係李氏所增，即非王宗岳太極拳譜所固有，而且其它刊本或鈔本大都無這一篇題。「郝本」篇題為十三勢，下註：「一名長拳，一名十三勢。」「關本」篇題作太極拳解，此顯係自加。而「馬本」、「萬本」、「澄本」等皆無篇題。唐豪認為：「太極拳論以太極兩儀立說，此篇以八卦、五行立說，余故並斷此篇為王宗岳所作。禹襄在舞陽縣鹽店所得太極拳譜，馬印書手鈔此篇，當為宗岳原文。」此言可供參考。

〔二〕「**太極拳**」「馬本」無此三字。「萬本」、「澄本」、「微本」、「徐本」等則無第一段，而始自「長拳者」一語。「郝本」的正文亦始自「長拳者」句。

〔三〕「**一名長拳，又名十三勢**」「馬本」、「關本」的「又名」二字亦作「一名」。

〔四〕〔**滔滔不絶也**〕「馬本」、「萬本」皆無末尾的「也」字。

〔五〕〔**分掤、攌、擠、按，採、挒、肘、靠，進、退、顧、盼、定也**〕此句「馬本」末尾二字作「中定」。「郝本」同「李本」，但少一「分」字。楊氏傳鈔本，包括「萬本」、「闞本」、「澄本」、「微本」、「徐本」此句均作「掤、攌、擠、按，採、挒、肘、靠，此八卦也。進步、退步、左顧、右盼、中定，此五行也」。惟其中「微本」把「左顧右盼」誤植為「右顧左盼」；或輯録者故作顛倒，亦未可知。

另，「萬本」在此句之下有「合而言之，曰『十三勢』也」九字，「闞本」僅少一「也」字。但却為「澄本」、「微本」、「徐本」等所無。

〔六〕〔**坎、離、震、兑**〕「澄本」、「徐本」和「炎本」作「乾、坤、坎、離」。但「萬本」、「微本」、「闞本」、「馬本」、「郝本」均同「李本」。

〔七〕〔**乾、坤、艮、巽**〕「澄本」、「徐本」和「炎本」作「巽、震、兑、艮」。

〔八〕〔**此八卦也。……此五行也**〕此段文字，楊氏傳鈔本已移入前文，見註〔五〕，故此處惟有「進、退、顧、盼、定，即金、木、水、火、土也」十二字。

〔九〕「合而言之，曰十三勢」「萬本」、「闕本」已將此句移入前文，見註〔五〕；「澄本」、「微本」、「徐本」等則無此句。「炎本」改作「合之則為十三勢也」。「馬本」作「總而言之，曰十三勢也」。

此外，「李本」篇末尚有「是技也，一著一勢，均不外乎陰陽，故又名『太極拳』」等十九個字，為各鈔本所無，疑為李亦畬或其姪孫李福蔭等人所後加，而決非「王譜」所原有的。

太極拳的「八門五步」，以八卦、五行立說。「八門」今稱「太極八法」，其中：

掤，讀如朋，而不讀作冰。古有此字，但音義都不相同。

攦，讀如履。本世紀七十年代初开始才以「捋」字替代這個太極拳專有的術語字，但「捋」字此處不讀作羅，仍讀如履。

挒，讀如列。

⿰扌肘，後文有此字，其音義與本篇「肘」字相同。

⿰扌靠，後文有此字，其音義與本篇「靠」字相同。

今之太極拳專著中，除末二字概作「肘」、「靠」外，其餘「攦」、「捋」並見，唯有「掤」、

「捌」二字沿用如故。由於以上都屬太極拳專用的術語字，在一般辭書中無法查到，故特予説明，後文不贅述。

十三勢歌〔一〕（七言二十四句）

王宗岳〔二〕

——一名十三勢行功歌

十三總勢〔三〕莫輕視〔四〕，命意源頭在腰隙〔五〕。
變轉〔六〕虚實須留意〔七〕，氣遍身軀不稍滯〔八〕。
静中觸動動猶静，因敵變化示〔九〕神奇。
勢勢存心揆用意〔十〕，得來不覺費功夫。
刻刻留心在腰間，腹内鬆静〔十一〕氣騰然。
尾閭中正〔十二〕神貫頂，滿身輕利頂頭懸。

仔細留心向推求，屈伸開合聽自由。
入門引路〔十三〕須口授，功夫無息法自修〔十四〕。
若言體用何為準？意氣君來骨肉臣。
詳推〔十五〕用意終何在？益壽延年不老春！
歌兮歌兮百卌字〔十六〕，字字真切義無遺〔十七〕。
若不向此推求去，枉費功夫貽歎息〔十八〕。

校記

〔一〕本篇採自「萬本」，原列在太極拳釋名一文之後。其篇題「澄本」、「微本」、「徐本」均同此。「李本」作十三勢行功歌，「郝本」作十三勢行工歌。「功」、「工」二字可通；本篇內「功夫」二字，亦有寫作「工夫」者，不另註明。

〔二〕一般認為：此篇與太極拳論、太極拳釋名、打手歌等四篇，係清代山西王宗岳所著太極拳譜一書的組成部份，均為王宗岳本人所著。而近人張士一却以為此歌作於王氏太極拳論之前；唐豪則認為：「十三勢之後學於黃河之南，復得宗岳太極拳論、太極拳釋名、打手歌，益以己作十三勢行功歌，此舞陽鹽店譜之内容也。」（見唐豪考釋廉讓堂本太極拳譜。）但此二説僅僅是探討而已。茲録以備考。

〔三〕〔**十三總勢**〕此四字「澄本」作「十三勢來」，「徐本」作「十三勢勢」。皆屬潤改。

〔四〕〔**輕視**〕「郝本」、「卞本」作「輕識」。

〔五〕〔**腰隙**〕「澄本」、「徐本」作「要隙」。

〔六〕〔**變轉**〕「萬本」作「變換」，今從各本改之。

〔七〕〔**留意**〕「郝本」同此；「李本」作「留神」。

〔八〕〔**稍滯**〕此據「李本」。「澄本」、「微本」、「徐本」等作「少滯」，「稍」、「少」二字可通，音義皆無不同。「萬本」、「郝本」、「卞本」均作「稍痴」。

〔九〕〔**示**〕「郝本」、「卞本」作「是」。

〔十〕〔**存心揆用意**〕揆，音葵，揣測。「萬本」作「存心須用意」，今據各本改之。「微本」作「揆心須用意」。

〔十一〕〔**鬆静**〕「澄本」、「微本」、「徐本」作「鬆淨」。

〔十二〕〔**中正**〕「李本」、「郝本」作「正中」。

〔十三〕〔引路〕「萬本」作「道路」，今據各本改之。

〔十四〕〔自修〕各本多作「自休」，此據「徐本」改之。

〔十五〕〔詳推〕「澄本」、「微本」、「徐本」作「想推」。

〔十六〕〔百卌字〕各本多作「百四十」，此據「微本」改之。卌，音細，四十。說文：「數名，亦直為『四十』字。」

〔十七〕〔義無遺〕「萬本」作「意無遺」，「李本」、「郝本」作「義無疑」，此處據「澄本」、「徐本」、「微本」。

〔十八〕〔貽歎息〕一作「貽太息」，可通。「李本」、「郝本」作「遺歎惜」。貽，遺傳的意思。故「貽」、「遺」二字，其義可通。

打手歌（七言六句）〔一〕

王宗岳〔二〕

掤攦擠按〔三〕須認真，上下相隨〔四〕人難進。

任他巨力來打我〔五〕，牽動四兩撥千斤。
引進〔六〕落空合即出，粘連黏隨〔七〕不丟頂〔八〕。

校記

〔一〕本篇採自「萬本」。此歌訣文字是流傳最廣的通行本。「子本」輯此歌，其篇名改作擠手歌訣，內容與此大同小異。「儀本」所輯則為七言四句，而無最後兩句。此外，「鑫本」在其「卷首」太極拳著解一文之後，録有「七言俚語」兩首，其中一首內容與打手歌略同，亦為七言四句。但除上述「七言俚語」四字之外，别無篇題；而外間輯本有作擖手歌者，（擖音咖，又音潔。擖手，打手之别名。）但這明顯地是後人據文補擬的篇名，而並非原有的。今録此七言俚語如下：

「掤攌擠捺須認真，引進落空任人侵。
周身相隨敵難近，四兩化動八千斤。」

〔二〕打手歌是王宗岳所著太極拳譜中的四篇原文之一，其作者為王宗岳，最早是没有爭議的。

後經唐豪考據認為，其中打手歌當係王宗岳據前人著作潤改而成，其理由為陳家溝有四句及六句打手歌：「王譜六句文義較長者，乃潤粗以至精，逐漸增訂，其跡至顯。」隨後顧留馨因之，定打手歌為「王宗岳修訂」。但這畢竟屬一家之說，茲特録以備考。

〔三〕「**掤攌擠按**」「子本」作「掤攄擠捺」；「儀本」作「擠掤攄捺」。

〔四〕「**上下相隨**」「萬本」原作「上下相遂」，今據各本訂正之。「子本」作「周身相隨」。

〔五〕「**來打我**」「子本」作「來攻擊」。「儀本」作「人來打」。

〔六〕「**引進**」「圖本」作「引入」。

〔七〕「**粘連黏隨**」如今通行的簡體字本改作「沾连粘随」，而其音義如舊不變。「徐本」誤作「黏連黏隨」，當屬排字誤植之故。

〔八〕「**不丢頂**」「子本」作「就屈伸」。

卷二　武譜：清代武禹襄太極拳論

十三勢行功要解〔一〕

武禹襄

以心行氣〔二〕，務沉着〔三〕，乃能收斂入骨，所謂「命意源頭在腰隙」也。

意氣須換得靈，乃有圓活之趣，所謂「變轉〔四〕虛實須留意」也。

立身中正安舒，支撐八面；行氣如九曲珠，無微不到，所謂「氣遍身軀不稍滯〔五〕」也。

發勁須沉着松靜，專注一方，所謂「靜中觸動動猶靜」也。

往復須有摺疊，進退須有轉換，所謂「因敵變化示神奇〔六〕」也。

曲中求直，蓄而後發，所謂「勢勢存心揆用意，刻刻留心在腰間」也。

精神能提得起〔七〕，則無遲重之虞，所謂「腹內松靜〔八〕氣騰然」也。

虛領頂勁，氣沉丹田，不偏不倚，所謂「尾閭〔九〕正中神貫頂，滿身輕利頂頭懸」也。

以氣運身，務順遂〔十〕，乃能便利從心，所謂「屈伸開合聽自由」也。

心為令，氣為旗，神為主帥，腰為驅使〔十一〕，所謂「意氣君來骨肉臣」也。

校記

〔一〕本篇及太極拳解、太極拳論要解和十三勢說略等四篇，均採自「李本」。而「郝本」則將此四篇，依照上述次第連接、合併成為一篇。其原有篇題被改為打手要言，並在篇末署以「禹襄武氏並識」六個字。唐豪因之斷定：此四篇闡釋王宗岳太極拳譜的文章，都是武禹襄所撰。今人有認為打手要言是「王譜」所原有者，實不然也！惟對本篇及太極拳論要解是否武氏所著，尚有若干爭議。

本篇篇題中「十三勢行功」五個字，實乃十三勢行功歌之省稱；所謂「要解」者，亦即對這一歌訣作出簡明扼要的解說。若讀者能將本篇與卷一所載十三勢行功歌（即十三勢歌）合璧對照，加以仔細分析，那是不難判明這一點的。

〔二〕「以心行氣」「郝本」在此句之上，冠有「解曰」二字。

〔三〕「務沉着」「李本」原作「務使沉着」。此處據「郝本」改之，以證與後文「以氣運身，務順遂」句相互呼應。「沉着」一作「沈著」，可通。

〔四〕「變轉」「李本」原作「變換」，今據「郝本」改之。因「李本」所輯十三勢行功歌原文亦作「變轉」。

〔五〕「稍滯」「郝本」作「稍痴」。

〔六〕「示神奇」「郝本」作「是神奇」。

〔七〕「精神能提得起」「郝本」少一「能」字。

〔八〕「松静」「李本」原作「松淨」，今據「郝本」改之。因「李本」所輯十三勢行功歌原文亦作「松静」。

〔九〕「尾閭」有的刊本作「尾閥」，似屬排印時誤植所致。

〔十〕「務順遂」「李本」、「郝本」皆如此。而別本有作「務令順遂」者，似係參照「微本」十三勢行功心解的有關文字潤改。

〔十一〕「腰爲驅使」「郝本」作「身為驅使」。另在「李本」所收的太極拳解一文中，亦有相同的一段話，其中有「身為驅使」四字，請參閱。從詞義上說，「腰」與「身」的概念不同；但從拳理上説，則上述兩句話都是可以講得通的。

太極拳解〔一〕

武禹襄

身雖動〔二〕，心貴静；氣須斂，神宜舒。心為令，氣為旗；神為主帥，身為驅使。刻刻留意，方有所得。先在心，後在身。在身，則不知手之舞之，足之蹈之，所謂「一氣呵成」、「捨己從人」、「引進落空」、「四兩撥千斤」也。

須知：一動無有不動，一静無有不静。視動猶静，視静猶動。内固精神，外示安逸。須要從人，不要由己。從人則活，由己則滯。尚氣者無力，養氣者純剛。

彼不動，己不動；彼微動，己先動。以己依人，務要知己，乃能隨轉隨接；以己黏人，必須知人，乃能不後不先。

精神能提得起，則無遲重〔三〕之虞；黏依能跟得靈，方見落空之妙。往復須分陰陽，進退須有轉合。機由己發，力從人借。發勁須上下相隨，乃能一往無敵〔四〕；立身須中正不偏，方能八面支撑〔五〕。静如山岳，動若江河。邁步如臨淵，運勁如抽絲。蓄勁如張弓，發勁如放箭。

行氣如九曲珠，無微不到；運勁如百煉鋼，何堅不摧？形如搏兔之鶻〔六〕，神似〔七〕捕鼠之貓。曲中求直，蓄而後發。收即是放，連而不斷。極柔軟，然後能極堅剛〔八〕；能黏依，然後能靈活。氣以直養而無害〔九〕，勁以曲蓄而有餘。漸至物來順應，是亦知止能得矣！

校記

〔一〕見本卷所收十三勢行功要解一文之校記〔一〕。

〔二〕「身雖動」「郝本」所輯打手要言第二段與本篇相同，但在此句之上冠有「解曰」二字。

〔三〕「遲重」一本作「雙重」，訛也。遲重不同於「雙重」，今據「郝本」訂正。而在「李本」的十三勢行功要解一文中，也有完全相同的一句，即「精神能提得起，則無遲重之虞」句，可資證明。

〔四〕〔乃能一往無敵〕「郝本」作「乃一往無敵」。

〔五〕〔方能八面支撑〕「郝本」作「能八面支撑」。

〔六〕〔鶻〕「郝本」作「鵠」。鶻音胡，即隼也。鵠，亦音胡，天鵝也。證明以「鶻」為是。

〔七〕〔神似〕「郝本」作「神如」。

〔八〕〔然後能極堅剛〕「李本」脱一「能」字，今據「郝本」補入。

〔九〕〔氣以直養而無害〕語出孟子·公孫丑上：「我善養吾浩然之氣。……其為氣也，至大至剛，以直養而無害，則塞乎天地之間。」

太極拳論要解〔一〕

武禹襄

解曰〔二〕：先在心，後在身。腹鬆，氣斂入骨，神舒體静，刻刻存心〔三〕。切記一動無有不動，一靜無有不靜。視靜猶動，視動猶靜〔四〕。動牽〔五〕往來氣貼背，斂入脊骨。要靜〔六〕，內固精神，外示安逸。邁步如貓行，運勁如抽絲。全身意在蓄神〔七〕，不在氣，在氣則滯。尚氣者無力，養氣者純剛〔八〕。氣如車輪，腰如車軸〔九〕。

又曰：彼不動，己不動；彼微動，己先動。似鬆非鬆〔十〕，將展未展，勁斷意不斷〔十一〕。

校記

〔一〕本篇「李本」列在山右王宗岳太極拳論篇後，原無單獨的篇題。「澄本」衹題原文二字，暗示為王宗岳之原文。「微本」則將前一段作為十三勢行功心解的組成部份，列入十三勢行功心解的後段；又將本篇後一段「又曰」列在打手歌之後。「徐本」從「微本」。「郝本」則將本篇列入打手要言的第三部份，同時將太極拳解一文列入打手要言的第二部份。若作仔細的分析研究，那就不難判斷太極拳解的前半篇，實是以本篇為基礎進行充實和刪削潤改而成的，故在文字上是大同小異的。

因本篇「李本」原無篇題，故由本書點校者據文擬題。餘請參看本卷十三勢行功要解一文的校記〔一〕。

〔二〕〔解曰〕「郝本」、「澄本」、「微本」、「徐本」均作「又曰」。

〔三〕〔刻刻存心〕「澄本」、「微本」、「徐本」均作「刻刻在心」。

〔四〕〔視靜猶動，視動猶靜〕「李本」、「郝本」在太極拳解一文中，此句作「視動猶靜，視靜猶動」。即上、下半句恰好顛倒。「澄本」、「微本」和「徐本」均無此八字。

〔五〕〔動牵〕「澄本」、「微本」、「徐本」均作「牵動」。

〔六〕〔要静〕「澄本」、「微本」、「徐本」無此二字。

〔七〕〔蓄神〕「澄本」、「微本」、「徐本」均作「精神」。

〔八〕〔尚氣者無力，養氣者純剛〕「郝本」、「微本」、「澄本」、「徐本」均改作「有氣者無力，無氣者純剛」。

〔九〕〔氣如車輪，腰如車軸〕前四字「徐本」作「氣若車輪」，後四字「微本」作「腰似車軸」，皆潤飾而已矣！

〔十〕「似鬆非鬆」「澄本」、「徐本」作「勁似鬆非鬆」，增一「勁」字。

〔十一〕「勁斷意不斷」「萬本」作「動斷意不斷，動轉挪移走」。「勁」字作「動」字，並多出後五個字。別本也有作「勁斷意不斷，意斷神猶連」者。

十三勢説略〔一〕

武禹襄〔二〕

每一動，惟手先著力，隨即松開。猶須貫串一氣，不外起、承、轉、合。始而意動，既而勁動，轉接要一線串成〔三〕。

氣宜鼓盪，神宜内斂。勿使有缺陷處，勿使有凹凸處，勿使有斷續處〔四〕。其根在脚〔五〕，發於腿，主宰於腰，形於手指。由脚而腿、而腰，總須完整一氣，向前、退後，乃能得機得勢〔六〕，有不得機得勢處〔七〕，身便散亂，必至偏倚〔八〕，其病必於腰腿求之。上下、前後、左右皆然。

凡此皆是意〔九〕，不是外面〔十〕。有上即有下，有前即有後，有左即有右。如意要向上，即寓下意〔十一〕。若將物掀起〔十二〕，而加以挫之之力〔十三〕，斯其根自斷，乃壞之速而無疑。

虛實宜分清楚，一處自有一處虛實〔十四〕，處處總有此一虛實〔十五〕。週身節節貫串，勿令絲毫間斷〔十六〕。

校記

〔一〕本篇採自「李本」。楊氏傳鈔各本，其篇名大都作太極拳論，而把王宗岳所著太極拳論題作山右王宗岳太極拳論，以資區別；其中「許本」則乾脆把王著稱作太極拳經。

〔二〕「澄本」把本篇題名為禄禪師原文，並將太極拳釋名一文列在篇後，作為全文下半篇。禄禪，即楊氏太極拳創始人楊禄禪。由于武禹襄原從楊禄禪學太極拳大功架，因此，後人猜度此文為楊氏口述，武氏筆録所致。但後來「楊本」出版時，其篇題重又改作太極拳論，與此前出版的「微本」、「徐本」取得了一致。「萬本」有録自「楊譜」和「宋譜」各一篇，其正文内容完全相同。但前者既無篇名，也未署作者姓名；後者前半篇各句下有夾註，篇名作太極拳論解，並偽託説這是道號玉虛子的張三豐（即張三丰）所傳之論説。「圖本」信從「宋譜」，別題本篇為「張三豐著：太極拳用功要旨。」唐豪則據「郝本」打手要言篇末的署名，考定本篇為武禹襄所著。

〔三〕**「每一動，……一線串成」**楊氏傳鈔本均無此第一段，而在此處僅有「一舉動，周身俱要輕靈，尤須貫串」十三個字。但究竟是由十三字潤改增益為三十九個字呢，抑是相反地將三十九字刪削為十三個字？待考。這裏值得注意的是，「李譜」從「每一動」至「猶須貫串一氣」，恰好也是十幾個字，而且與上引「楊譜」的十三個字，在文義上是大抵相通的。

〔四〕**「勿使有缺陷處，勿使有凹凸處，勿使有斷續處」**「微本」脱漏了第一句。三個「勿」字，「郝本」、「卞本」、「微本」、「徐本」皆作「無」；「萬本」之「宋譜」作「毋」。此三字義無不同。

〔五〕**「其根在脚」**「萬本」之「宋譜」作「其根在於脚」。衍一「於」字。

〔六〕**「乃能得機得勢」**「郝本」少一「能」字。

〔七〕「有不得機得勢處」「郝本」作「有不得機勢處」。「萬本」之「楊譜」作「有不得機不得勢處」。

〔八〕「必至偏倚」「萬本」之「楊譜」、「宋譜」以及「楊本」、「澄本」、「微本」等均無此四字。

〔九〕「凡此皆是意」「萬本」之「楊譜」作「凡此皆是在意」，衍一「在」字。

〔十〕「不是外面」「萬本」之「楊譜」作「不在外面，而在內也」。「楊本」、「微本」、「徐本」、「澄本」均作「不在外面」，但無「而在內也」四字。

〔十一〕「如意要向上，即寓下意」「李本」無此九字，今據「郝本」補入。「楊本」、「澄本」、「微本」、「徐本」等，均有此句。

〔十二〕「若將物掀起」「郝本」作「若物將掀起」。而「楊本」、「澄本」、「微本」、「徐本」此句均同「李本」。

〔十三〕「而加以挫之之力」「李本」脱一「以」字，似係刊刻之誤，今據「郝本」補入。「萬本」、「徐本」作「而加以挫之之意」，即末一字作「意」。

〔十四〕「一處自有一處虛實」「萬本」之「宋譜」句末增「變化」二字。

〔十五〕「處處總有此一虛實」「微本」、「楊本」、「澄本」、「徐本」均無「有」字。

〔十六〕「勿令絲毫間斷」楊氏傳鈔本大都作「無令絲毫間斷耳！」在末尾加一語助詞，以加重語氣。

四字密訣〔一〕

武禹襄

敷：敷者，運氣於己身，敷布彼勁之上，使不得動也。

蓋：蓋者，以氣蓋彼來處也。

對：對者，以氣對彼來處，認定準頭而去也。

吞：吞者，以氣全吞而入於化也。

此四字無形無聲，非懂勁後，練到極精地位者，不能知全。是以氣言，能直養其氣而無害，始能施於四體。四體不言而喻矣〔二〕！

校記

〔一〕本篇採自「李本」。李亦畬之姨甥馬印書鈔本亦有此訣。亦畬於光緒七年（一八八一年）

手訂的自存本，篇題全稱為禹襄母舅太極拳四字不傳密訣。「郝本」無此四字密訣，蓋出於不肯輕傳此「不傳之密訣」也。

見於外間各本，一般僅記其「敷，蓋，對，吞」四字。如「澄本」將此四字密訣和李亦畬所撰撒放密訣的字頭合在一起，改題太極用法秘訣，內文僅「擎，引，鬆，放；敷，蓋，對，吞」八個字。「萬本」則在此八字下再增添「抓筋閉穴，揉扣揣打」等八個字，成為「十六字訣」。然而「抓筋」、「閉穴」均屬組合詞，這就近乎硬湊了。

〔二〕此段跋文是原有的，着重説明「無形無聲」的內氣，並強調「能直養其氣而無害」。

打手撒放〔一〕

武禹襄〔二〕

掤 上平聲〔三〕

業 入聲

噫 上聲

咳 入聲

呼 上聲

吭

呵

哈

校記

〔一〕本篇採自「李本」。「李本」與「郝本」均列於打手歌之後。其篇名若作今譯，似可稱為「推手發放八氣法」。文內的八個字音，是用於推手發勁的，即：在推手發勁時，採用發聲吐氣法，以增大其爆發力，及提高其發勁的實際效果。如楊澄甫留傳有「推手放勁三氣法」，乃是按照上、中、下三種不同的發勁方向，分別應用「哼」、「咳」、「哈」三個字音中的一個，以配合發勁吐氣。上述「三氣法」與「八氣法」，無疑是一脉相承的。哼、咳、哈三氣，若與本篇相互對照，實即吭、咳、哈是也。

〔二〕本篇各本均未署誰作，徐震太極拳譜理董序稱：「打手撒放八字，亦武氏自記其心得。」唐豪亦附議曰：「可能是武氏自記其心得。」

〔三〕〔上平聲〕「郝本」省稱「上平」。

身法八要〔一〕

武禹襄〔二〕

涵胸，拔背；

裹襠，護肫〔三〕；

提頂，吊襠；

鬆肩，沉肘〔四〕。

校記

〔一〕本篇採自「李本」，原列在十三勢架的第一段；而「郝本」列在十三勢架的拳式名稱之後，即被列為第二段；「少本」則獨立成篇。以上三本的小標題或篇題均作身法，而民間流傳的鈔本有的題作身法八要者。由於後者易於識別此為武氏著作，故因之。

〔二〕「李本」未署誰作，而「郝本」、「少本」則依後人考據，認為本篇為武氏原作。

〔三〕「護肫」肫音諄，禽類的胃。此處借指人體的大腹部位。護肫，即隨時以手或小臂保護這一部位。有的人把肫字當作「臀」的簡寫，誤也。

〔四〕「鬆肩，沉肘」「啟本」同此，而「郝本」作「騰挪，閃戰」，「少本」從之。

十三勢架〔一〕

李亦畬藏本

勢架程序〔二〕

攬雀尾〔三〕　單鞭　提手上勢　白鶴亮翅〔四〕

摟膝拗步
手揮琵琶勢
摟膝拗步
手揮琵琶勢
搬攬捶（五）
如封似閉
抱虎推山
單鞭
肘底看捶
倒輦猴
白鶴亮翅
摟膝拗步
三甬背
單鞭
紜手
高探馬
左右起脚
轉身踢一脚
踐步打捶
翻身二起
披身
踢一脚
蹬一脚
上步搬攬捶
如封似閉
抱虎推山
斜單鞭
野馬分鬃
單鞭
玉女穿梭
單鞭
紜手
下勢（六）
更鷄獨立
倒輦猴
白鶴亮翅
摟膝拗步
三甬背
單鞭
紜手
高探馬
十字擺連
上步指膛捶
上勢攬雀尾（七）
單鞭
下勢（八）
上步七星
下步跨虎
轉脚擺連
彎弓射虎
雙抱捶（九）

十三刀（十）

按刀　青龍出水　風捲殘花　白雲蓋頂
背刀　迎墳鬼迷　振脚提刀　撥雲望日
避刀　霸王舉鼎　朝天一柱香　拖刀敗勢
手揮琵琶勢

十三桿（十一）

掤一桿　青龍出水　童子拜觀音　餓虎撲食
攔路虎　抝步　斜勢　風掃梅花（十二）
中軍出隊　宿鳥歸巢　拖桿敗勢　靈貓捕鼠
手揮琵琶勢

四刀〔十三〕

裹剪腕〔十四〕　外剪腕　挫腕　撩腕〔十五〕

四桿

平刺心窩　斜刺膀尖　下刺脚面　上刺鎖項〔十六〕

四槍

與四桿同

以上刀法、槍法，務要身法不散，講究跟勁。

校記

〔一〕本篇採自「李本」，原為武禹襄傳遞給李亦畬的。其中「身法」一節，已獨立成篇別立於前。「王譜」內並無本篇。武、李在世時，太極拳已開始形成流派，套路式名及程序一般是各家有各家的譜，但基於各家太極拳之一脉相承，因之其內容總是大同小異的。武禹襄原從楊祿禪學練老架太極拳、械，後雖從趙堡鎮的陳清萍學過陳氏新架太極拳，惟僅一月餘。因此，本篇譜文恐為楊氏所授，並經武禹襄在原有基礎上，結合自身拳架的創新，而作若干處的修改。然則此譜上承陳、楊，下啟李、郝、孫，其跡殊顯。故特為收入，以供研究參考。

〔二〕「**勢架程序**」「郝本」無此四字。

〔三〕「**攬雀尾**」「郝本」作「懶扎衣」。

〔四〕「**白鶴亮翅**」「郝本」作「白鵝亮翅」。

〔五〕「**搬攬捶**」「郝本」作「上步搬攬垂」。「郝本」此篇內所有的「捶」字都省寫作「垂」，但其音義皆同「捶」。後文不另一一註明。實際上這與「李本」把「倒攆猴」省寫作「倒輦猴」，以及兩者都把「通背」省寫成「甬背」、「擺蓮」省寫成「擺連」等等，均屬同一類型。看來並非誤寫，而是故意如是的。

〔六〕「**下勢**」「郝本」原文與上一式相連作「紜手下勢」，或係筆誤所致。

〔七〕〔**上勢攬雀尾**〕「郝本」無此一式。「啟本」作「上步攬雀尾」。

〔八〕〔**下勢**〕「李本」、「啟本」均有此式。「郝本」原文在「單鞭」下亦補入「下勢」二字，却又被塗去，故缺此式。

〔九〕〔**雙抱捶**〕「李本」至此式結束，共計五十五式。「郝本」在此式下尚有「手揮琵琶勢」。以上説明，李亦畬直到晚年時，可能還在修訂套路，以致才會有此類差異。「啟本」則與「李本」相同。

〔十〕〔**十三刀**〕此刀譜為「郝本」所無。

〔十一〕〔**十三桿**〕此桿譜亦為「郝本」所不載。

〔十二〕〔**風掃梅花**〕「李本」作「風掃梅」脱一「花」字。似屬刊本脱字，故補入。

〔十三〕〔**四刀**〕「郝本」作「刀法」。

〔十四〕〔**裹剪腕**〕「郝本」有被誤排作「裹剪腕」者，非原文之誤。

〔十五〕〔**撩腕**〕「萬本」録有四刀讚：「斫剁，劃，截割，撩腕。」從文字上看，僅「撩腕」二字完全相同，而實際上「萬本」和「李本」所記四刀的方法是一致，僅僅是説法不同而已。劃，音產，削也。剗與剷、鏟二字皆可通。

〔十六〕「上刺鎖項」楊氏太極槍作「上刺咽喉」。「鎖項」亦即指咽喉部。「四槍」即「四黏槍」。「李本」四槍譜文除「鎖項」二字之外，其餘文字與楊氏所傳完全相同。由此足以證明，此拳械譜以傳自楊氏的可能性為大。

卷三　李譜：清代李亦畬太極拳論

五字訣（一）

李亦畬

一曰心靜：心不靜則不專，一舉手前後左右全無定向，故要心靜。起初舉動未能由己，要息心體認，隨人所動，隨屈就伸，不丢不頂，勿自伸縮。彼有力，我亦有力，我力在先；彼無力，我亦無力，我意仍在先。要刻刻留意〔二〕，挨何處，心要用在何處，須向不丢不頂中討消息。從此做去，一年半載，便能施於身。此全是用意，不是用勁。久之，則人為我制，我不為人制矣！

二曰身靈：身滯則進退不能自如，故要身靈。舉手不可有呆像。彼之力方礙我皮毛，我之意已入彼骨内〔三〕。兩手支撑，一氣貫串〔四〕。左重則左虚，而右已去；右重則右虚，而左已去。氣如車輪，周身俱要相隨。有不相隨處，身便散亂，便不得力，其病於腰腿求之。先，以心使身，從人不從己；後，身能從心，由己仍是從人。由己則滯，從人則活。能從人，手上便有分寸。秤彼勁之大小〔五〕，分釐不錯；權彼來之長短，毫髮無差。前進後退，處處恰合，功彌久而技彌精矣〔六〕！

三曰氣斂：氣勢散漫，便無含蓄，身易散亂。務使氣斂入脊骨，呼吸通靈，週身罔間。吸為合、為蓄；呼為開、為發。蓋吸則自然提得起，亦拏得人起；呼則自然沉得下，亦放得人出。此是以意運氣，非以力使氣也〔七〕！

四曰勁整：一身之勁，練成一家。分清虛實，發勁要有根源：勁起於脚根〔八〕，主於腰間，形於手指，發於脊骨〔九〕。又要提起全副精神，於彼勁將發未發之際〔十〕，我勁已接入彼勁。恰好不先不後〔十一〕，如皮燃火，如泉湧出。前進後退，無絲毫散亂。曲中求直，蓄而後發，方能隨手奏效。此所謂「借力打人」、「四兩撥千斤」也！

五曰神聚：上四者俱備，總歸神聚。神聚則一氣鼓鑄，煉氣歸神，氣勢騰挪，精神貫注，開合有致，虛實清楚。左虛則右實，右虛則左實。虛，非全然無力，氣勢要有騰挪；實，非全然占煞，精神要貴貫注。緊要全在胸中、腰間變化〔十二〕，不在外面。力從人借，氣由脊發。胡能氣由脊發？氣向下沉，由兩肩收入脊骨，注於腰間，此氣之由上而下也，謂之「合」；由腰形於脊骨，布於兩膊，施於手指，此氣之由下而上也，謂之「開」。合便是收，開即是放。能懂開合，便知陰陽。到此地位，功用一日，技精一日，漸至從心所欲，罔不如意矣！

校記

〔一〕本卷各篇均採自「李本」，並與「郝本」相互校勘。由於這兩個本子都是李亦畲晚年親手所鈔寫，是具有權威性的底本；而其它輯本又大多源於此，故對後者不一一予以詳細參校。

本篇「李本」原有序文，未別立篇題，下署「清光緒六年歲次庚辰小陽月識」。光緒六年庚辰為一八八〇年，小陽月即陰曆十月。而「郝本」序言獨立成篇，題為太極拳小序，篇末署有「光緒辛巳中秋念六日亦畲氏謹識」。刊本有作「辛己」者，當為排印之訛。光緒辛巳即一八八一年，亦即光緒七年。說明以上兩篇序言鈔定的時間相距不滿一年。由於太極拳小序主要涉及太極拳的源流問題，對於研究太極拳發展史有一定的參考價值，故列為本書的附録之一。詳見卷十四。

所謂「五字訣」，原本是指「静、靈、斂、整、聚」五個字訣。而本篇對此「五字」作了詳解，確切地說，應為五字訣解。

〔二〕「**留意**」「郝本」作「留心」。

〔三〕「**骨內**」「郝本」作「骨裏」。

〔四〕「**貫串**」「郝本」作「貫穿」，兩者可通。

〔五〕「**秤彼勁之大小**」秤，「郝本」、「少本」皆作「枰」，以「秤」為是。而「孫本」改作「量」字。又：「李本」將「勁」字寫作「動」字，或係刊本之訛，今據「郝本」改之。

〔六〕「**功彌久而技彌精矣**」功，「郝本」作「工」，異寫而已。「技彌精矣」四字，「卞本」作「技彌深矣」。「孫本」則作「技彌精」，脱一「矣」字。

〔七〕「**非以力使氣也**」「孫本」作「非以力運氣也」。

〔八〕「**勁起於腳根**」「郝本」作「勁起腳根」。「少本」、「孫本」均從「郝本」。

〔九〕「**發於脊骨**」「郝本」作「發於脊背」。

〔十〕「**將發未發之際**」「郝本」作「將出未發之際」。「少本」、「孫本」、「卞本」皆從「郝本」。

〔十一〕「**不先不後**」「郝本」作「不後不先」。

〔十二〕「**變化**」「郝本」作「運化」。「孫本」作「運用」，其斷句也不相同，「孫本」上下句作：

「緊要全在胸中腰間，運用不在外面。」即將「運用」二字放在下半句中去了。

走架打手行工要言〔一〕

李亦畬

昔人云：「能引進落空，能四兩撥千斤；不能引進落空，不能四兩撥千斤。」語甚概括〔二〕。初學未由領悟〔三〕，予加數語以解之。俾有志斯技者，得所從入，庶日進有功矣！

欲要引進落空、四兩撥千斤，先要知己知彼；欲要知己知彼，先要捨己從人；欲要捨己從人，先要得機得勢；欲要得機得勢，先要周身一家；欲要周身一家，先要周身無有缺陷；欲要周身無有缺陷，先要神氣鼓盪；欲要神氣鼓盪，先要提起精神，神不外散；欲要神不外散，先要神氣收斂入骨；欲要神氣收斂入骨，先要兩股〔四〕前節有力，兩肩松開，氣向下沉。勁起於脚根，變換在腿，含蓄在胸，運動在兩肩，主宰在腰。上於兩膊相繫，下於兩胯、兩腿相隨〔五〕。勁由內換，收便是合，放即是開。靜則俱靜，靜是合，合中寓開；動則俱動，動是開，開中寓合〔六〕。觸之則旋轉自如，無不得力，才能引進落空，四兩撥千斤。

平日走架，是知己功夫。一動勢，先問自己：周身合上數項不合？少有不合，即速改換。走架所以要慢，不要快。打手，是知人功夫。動靜固是知人，仍是問己。自己要安排得好〔七〕，人一挨我，我不動彼絲毫，趁勢而入〔八〕，接定彼勁，彼自跌出。如自己有不得力處，便是雙重未化，要於陰陽開合中求之。所謂「知己知彼，百戰百勝」也！

胞弟啓軒嘗以毬譬之：如置毬於平坦，人莫可攀躋，强臨其上，向前用力——後跌，向後用力——前跌。譬喻甚明，細揣其理，非「捨己從人」、「一身一家」之明證乎？得此一譬，「引進落空」、「四兩撥千斤」之理，可盡人而明矣！

校記

〔一〕本篇採自「李本」。「郝本」無最後一段。「少本」、「孫本」、「卞本」皆從「郝本」，故亦無末段。此末段似屬「後記」性質。

〔二〕〔**概括**〕「郝本」、「少本」、「孫本」作「該括」，概、該二字古可通。「卞本」則作「賅刮」。

〔三〕〔**未由領悟**〕「郝本」原寫作「末由領悟」，「孫本」、「卞本」皆從之作「末」字，而「少本」已改正為「未由領悟」。

〔四〕〔**兩股**〕「李本」作「兩膊」，疑為刊本錯改所致。「郝本」、「少本」、「孫本」、「卞本」皆作「兩股」，今據以訂正之。從拳理上説，在下兩股前節有力，在上兩肩松開，是有助於氣向下沉的，氣向下沉，才能使「神氣收斂入骨」。

〔五〕〔**下於兩胯兩腿相隨**〕「郝本」、「少本」、「卞本」皆作「下於兩腿相隨」，無「兩胯」二字。「孫本」作「下於兩脚相隨」。

〔六〕〔**開中寓合**〕「郝本」影印亦作「開中寓合」，惟排印本有誤作「開中有合」者，似係輯録筆誤或潤改所致。兩者義無不同。

〔七〕「**自己要安排得好**」「郝本」、「少本」、「孫本」、「卞本」等均無「要」字，作「自己安排得好」。

〔八〕「**我不動彼絲毫，趁勢而入**」有的輯本，斷句誤抄作「我不動，彼絲毫趁勢而入」，不僅以訛傳訛，而且在兩部著作中一錯再錯，不知何故。

撒放密訣〔一〕

李亦畬

擎　擎起彼勁借彼力〔二〕（中有「靈」字），

引　引到身前勁始蓄（中有「斂」字）；

鬆　鬆開我勁勿使屈（中有「静」字），

放　放時腰脚認端的（中有「整」字）。

擎、引、鬆、放四字，有四不能：脚手不隨者不能，身法散亂者不能，一身不成一家者不能，精神不團聚者不能。欲臻此境，須避此病；不然，雖終身由之，究莫明其精妙矣！

校記

〔一〕本篇採自「李本」。「郝本」及外間傳鈔本均無訣文後面的這段跋文。唐豪認為：這段跋文，「其成當在光緒七年之後，故郝和藏本無此節」。其實，也可能是李亦畬未將跋文抄給郝和。「郝本」的內容原本就較「李本」少，不僅缺少數字訣解、虛實圖解、各勢白話歌等數篇，而且像走架打手行工要言的「後記」（即末段），也是「郝本」所没有的。由是觀之，則本篇之跋文就不一定是撰成於光緒七年之後的。

〔二〕「**擎起彼勁借彼力**」「郝本」作「擎起彼身借彼力」。「孫本」作「擎開彼勁借彼力」。

敷字訣解〔一〕

李亦畬

「敷」，所謂「一言以蔽之」也。人有不習此技而獲聞此訣者，無心而白於余。始而不解，及詳味之，乃知「敷」者，包獲周匝，「人不知我，我獨知人」。氣雖尚在自己骨裏，而意恰在彼皮裏膜外之間，所謂「氣未到而意已吞」也。妙絕！妙絕！

校記

〔一〕本篇原係唐豪於一九三六年節抄自廉讓堂石印本太極拳譜（即「李本」）。「馬本」也録有此篇。以上兩種本子都將本篇列為李亦畬著作，當是亦畬對武禹襄四字密訣中第一字——「敷」字訣的銓解和實踐心得。

「郝本」、「孫本」、「卞本」等均無此篇。

虛實圖解（一）

李亦畬

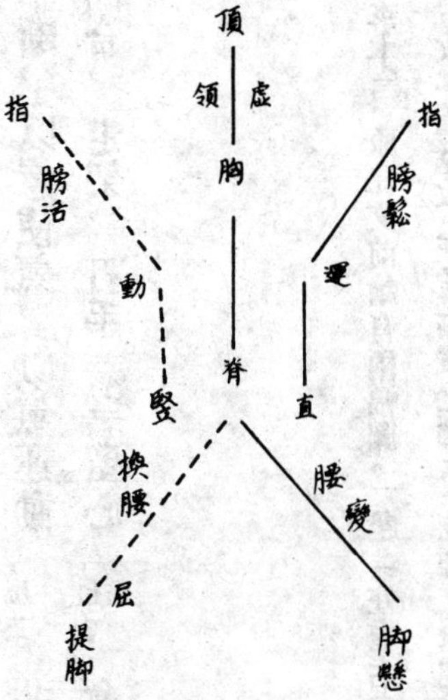

實非全然站煞，實中有虛；虛非全然無力〔二〕，虛中有實。上圖〔三〕舉一身而言，雖是虛實之大概，究之週身，無一處無虛實〔四〕，又離不得此虛實。總要聯絡不斷，以意使氣，以氣運動〔五〕。非身子亂挪，手足〔六〕亂換也。虛實即是開合，走架、打手著著留心〔七〕，愈練愈精，功彌久，技彌巧尚矣〔八〕！

校記

〔一〕本篇採自「李本」，原在文前繪有兩幅圖，一題「左虛右實之圖」，另一題「右虛左實之圖」。由於此二圖内容略同，故本篇衹收「左虛右實之圖」，並據文擬題，曰虛實圖解。「馬本」也録有本篇，與「李本」一樣，列在李亦畬著作内。「郝本」無此篇。「萬本」則將本篇文字列在「宋譜」之後，篇題作論虛實開合，而未署誰作。

〔二〕「虛非全然無力」「萬本」作「虛非全然不著力」。

〔三〕「上圖」「萬本」作「右二圖」，當抄自「李本」或「馬本」之原文。因文前原有二圖。

〔四〕「無一處無虛實」句中「一處」二字，「萬本」誤抄作「一寸」。

〔五〕「以氣運動」「萬本」作「以氣運勁」。説明「動」字有可能屬傳鈔筆誤或潤改所致。唐豪也在「動」字後用括號註一「勁」字，並在其後加上個「?」號。

〔六〕「手足」「萬本」作「手脚」。

〔七〕「著著留心」「萬本」脱一「著」字，而别本也有作「著意留心」者。

〔八〕「技彌巧尚矣」「萬本」作「技彌精矣」。

各勢白話歌〔一〕（七言六十句）

李亦畬傳鈔

提頂吊膽心中懸，鬆肩沉肘氣丹田；
裹膽護肫須下勢，涵胸拔背落自然。
初勢左右懶扎衣，雙手推出拉單鞭。

提手上勢望空看〔二〕，白鶴亮翅〔三〕飛上天。
摟膝拗步往前打〔四〕，手揮琵琶躲傍邊〔五〕。
摟膝拗步重下勢，手揮琵琶又一番〔六〕。
上步先打迎面掌，搬攬捶兒〔七〕打胸前。
如封似閉往前按，抽身抱虎去推山。
回身拉成單鞭勢，肘底看捶〔八〕打腰間。
倒輦猴兒重四勢，白鶴亮翅〔九〕到雲端。
摟膝拗步須下勢，收身琵琶在胸前〔十〕。
按勢翻身三甬背〔十一〕，扭頸〔十二〕回頭拉單鞭。
紜手〔十三〕三下高探馬，左右起脚誰敢攔。
轉身一脚栽捶打，翻身二起踢破天〔十四〕。
披身退步伏虎勢，踢脚轉身緊相連。
蹬脚上步搬攬打〔十五〕，如封似閉手向前。

抱虎推山重下勢，回頭再拉斜單鞭。
野馬分鬃往前進，懶扎衣服果然鮮。
回身（十六）又把單鞭拉，玉女穿梭四角全。
更拉單鞭真巧妙（十七），紜手下勢探清泉（十八）。
更鷄獨立分左右，倒輦猴兒又一番。
白鶴亮翅把身長（十九），摟膝前手在下邊。
按勢青龍重出水（二十），轉身復又拉單鞭。
紜手高探對心掌（二十一），十字擺連（二十二）往後翻。
指膉捶兒向下打（二十三），懶扎衣服緊相連。
再拉單鞭重下勢（二十四），上步就排七星拳（二十五）。
收身退步拉跨虎，轉脚去打雙擺連（二十六）。
海底撈月須下勢，彎弓射虎項朝前。
懷抱雙捶誰敢進，走遍天下無人攔（二十七）。

歌兮歌兮六十句，不遇知己莫輕傳。

校記

〔一〕本篇採自「李本」。「郝本」未收，唐豪認為：「亦畬寫貽郝和本不收，非禹襄、亦畬作甚明。」又説「……此歌或即李啟軒寫作」。李啟軒名承綸，是亦畬之大弟。不過，若以「郝本」是否收録，來作為衡量它是否係禹襄、亦畬作品的惟一標準，那恐怕會失之偏頗的。「萬本」收有本篇，篇題作太極拳行工歌，列在「宋譜」之後，全篇句數與「李本」相同，惟文字稍有出入。其中有的句子，則是因拳式改動而隨之作出相應改動的。

〔二〕「望空看」「萬本」作「往空看」。

〔三〕「白鶴亮翅」「萬本」作「白鵝晾翅」，下同。

〔四〕「往前打」「萬本」作「須下勢」。從後文「重下勢」句説明，本句以「須下勢」為是。

〔五〕「手揮琵琶躲傍邊」「萬本」作「風擺荷葉躲傍邊」。

〔六〕「手揮琵琶又一番」「萬本」作「手撐琵琶又一番」。「撐」字似係手鈔本筆誤或潤改所致。但在前文中，「手揮琵琶」既已被改為「風擺荷葉」，此處又何來「又一番」呢？這説明「萬本」也有被竄改之處。

〔七〕〔**搬攬捶兒**〕「萬本」作「搬攔捶兒」。

〔八〕〔**肘底看捶**〕「萬本」作「肘底看拳」。

〔九〕〔**白鶴亮翅**〕見校記〔三〕。

〔十〕〔**收身琵琶在胸前**〕「萬本」作「收回琵琶手在前」。

〔十一〕〔**三甬背**〕「萬本」作「山通背」。

〔十二〕〔**扭頸**〕「萬本」作「扭項」。

〔十三〕〔**紜手**〕「萬本」此處作「雲手」，而後文皆作「抎手」。

〔十四〕〔**翻身二起踢破天**〕「萬本」作「翻身兩脚踢破天」。

〔十五〕〔**搬攬打**〕「萬本」作「搬攔打」。

〔十六〕〔**回身**〕「萬本」作「回頭」。

〔十七〕〔**更拉單鞭真巧妙**〕「萬本」作「單鞭下勢真巧妙」。

〔十八〕〔**紜手下勢探清泉**〕「萬本」作「抎手曲下探清泉」。「萬本」既有「雲手」，又有「抎手」，説明其中必有筆誤之處。

〔十九〕〔**白鶴亮翅把身長**〕「萬本」作「白鵝晾翅支身長」。

〔二十〕〔**按勢青龍重出水**〕「萬本」作「揮手按下三通背」。

〔二十一〕〔**紜手高探對心掌**〕「萬本」作「抎手高探兑心掌」。

〔二十二〕〔**十字擺連**〕「萬本」作「十字擺蓮」。

〔二十三〕〔**指膛捶兒向下打**〕「萬本」作「指襠捶兒往下打」。

〔二十四〕〔**懶扎衣服緊相連。再拉單鞭重下勢**〕「萬本」無此二句，而在篇末倒數第三、四句，比「李本」多出兩句結語。因此，這兩個本子全篇都是七言六十句。

〔二十五〕〔**上步就排七星拳**〕「萬本」作「抽身單鞭七星拳」。而「李本」的「單鞭」已放在前一句內。

〔二十六〕〔**轉脚去打雙擺連**〕「萬本」作「轉身又打雙擺蓮」。

〔二十七〕〔**走遍天下無人攔**〕「萬本」在此句之下有「詳推用意終何在？益壽延年不老丹」

兩句，這是「李本」所沒有的。「萬本」這兩句引自十三勢行功歌：「詳推用意終何在？益壽延年不老春。」祇為押韻之故，才改了一個「春」字。餘請參見校記〔二十四〕。

卷四　衆譜：各家傳鈔太極拳經訣

太極拳經歌訣〔一〕（七言四句六首）

其一

順項貫頂兩膀松，束烈〔二〕下氣把朧撐。

胃音〔三〕開勁兩捶爭，五指抓地上彎弓。

其二

舉動輕靈神內斂，莫教斷續一氣研。
左右宜有〔四〕虛實處，意上寓下後天還。

其三

拿住丹田練內功，哼哈二氣妙無窮。
動分靜合屈伸就，緩應急隨理貫通。

其四

忽隱忽現進則長，一羽不加至道藏。
手慢手快皆非似，四兩撥千運化良。

其五

掤攦擠按四方正，採挒肘靠斜角成。
乾坤震兑乃八卦，進退顧盼定五行。

其六

極柔即剛極虛靈，運若抽絲處處明。
開展緊湊乃縝密，待機而動如貓行。

校記

〔一〕本篇原題乾隆舊鈔本太極拳經歌訣，共有七首，因其第六首即十三勢歌（見本書卷一所載之十三勢行功歌），故此處祇列其餘六首。這六首歌訣較早見於「姚本」。姜容樵在「姚本」第十章太極拳譜釋義篇首寫道：「拳譜為清初王宗岳所著，惟遞嬗至今，其中不無訛錯，故市井所傳之太極拳論，多有令人不解之語。余與姚君馥春，得鈔本於湯君士林，並得湯君詳細解説，其原文較世所傳者多三分之一，皆太極之要訣。兹特筆述於後，以公同好，並加註釋。」其篇末又云：「以上原文，相傳為王宗岳所著，余與姚君馥春，得乾隆時之鈔本，復得光緒初年之木版書，與近所傳者大同小異，其理與法則一耳！」然而對於所謂「乾隆舊鈔本」之真偽，太極拳界是有爭議的。

〔二〕「束烈」不可解。別本有作「束肋」，則可解。「束肋下氣」即含有氣沉丹田的意思。

〔三〕「**胃音**」不可解。別本有作「用意」，可解。以上「束烈」、「胃音」肯定因輾轉傳鈔而產生的訛錯。姜容樵原註曰：「胃音、束烈等字，皆存原文。」

〔四〕「**左右宜有**」「姚本」原作「左宜右有」，今據「炎本」訂正。

太極拳經歌訣詮解〔一〕

舉步〔二〕**輕靈神內斂**：舉步周身要輕靈〔三〕，尤須貫串，氣宜鼓盪，神宜內斂。

莫教斷續一氣研：勿使有凸凹處〔四〕，勿使有斷續處，其根在脚，發於腿，主宰在腰〔五〕，形於手指。由脚而腿而腰，總須完整一氣，向前退後，乃得機得勢。有不得機得勢處〔六〕，其病必於腰腿間求之〔七〕。

左右宜有〔八〕**虛實處**：虛實宜分清楚，一處自有一處虛實，處處總此一虛實〔九〕。上下前後，左右皆然。

意上寓下後天還： 凡此皆是意，不在外面，有上即有下，有前即有後，有左即有右。如意要向上，即寓下意，若將物掀起，而加以挫之之力，則其根自斷，必其壞之速而無疑〔十〕。總之〔十一〕，周身節節貫串，勿令絲毫間斷耳！

校記

〔一〕本篇採自「鑫本」附錄中的最後一篇，原題為杜育萬述蔣發受山西師傅歌訣（之二）。杜育萬為「鑫本」的訂補者之一。當時盛傳「山西王宗岳傳河南蔣發，蔣發傳陳長興」的太極拳源流說，此篇題即含有附會之意。因不切實際，故改作今題。本篇歌訣即本卷前面所載六首中的第二首，其銓解部份的文字，却與「微本」太極拳論一文基本相同。故單獨再以「微本」為主校勘一遍。其餘可參看本書卷二十三勢說略一文。此外，「鑫本」斷句錯了好幾處，除已予改正外，不另逐一註明。

〔二〕「舉步」「姚本」、「炎本」均作「舉動」。

〔三〕「舉步周身要輕靈」「萬本」、「微本」作「一舉動，周身俱要輕靈。」「孫本」在「一舉動」三字之前，增添了四十三個字，曰：「未有天地以前，太空無窮之中，渾然一氣，乃為無極，無極而太極。太極者，天地之根荄，萬物之原始也。太極拳者」等語。「孫本」抄自「郝本」，而「郝本」及有關各鈔本均無此四十三個字，從而可以斷定：這四十三個字似為孫祿堂所加。

〔四〕「勿使有凸凹處」各本在此句之前尚有「勿使有缺陷處」六個字。而「微本」恰好與本篇相同，也脱漏了這六個字。

〔五〕「主宰在腰」「萬本」、「微本」均作「主宰於腰」。

〔六〕「有不得機得勢處」「萬本」、「微本」在此句之下均有「身便散亂」四個字。

〔七〕「其病必於腰腿間求之」「萬本」之「楊譜」同此。「萬本」之「宋譜」及「微本」等均省一「間」字。

〔八〕「左右宜有」「鑫本」與「姚本」相同，原作「左宜右有」，有誤，今據「炎本」訂正。

〔九〕「虛實宜分清楚，一處自有一處虛實，處處總此一虛實」此二十一字，各本均在後文「壞之速而無疑」句之後、「週身節節貫串」句之前。

〔十〕「則其根自斷，必其壞之速而無疑」「微本」等皆作「斯其根自斷，乃壞之速而無疑」。

〔十一〕「總之」各本均無此二字，顯因「虛實宜分清楚」等句被挖走，以致上下語氣難以相連，故增添此二字，餘請見校記〔九〕。

太極拳打手約言〔一〕（四言兩句）

順人之勢，借人之力。

校記

〔一〕本篇原篇題作太極拳約言，正文僅兩句共八個字，未署誰作。當是前人自記其推手實踐心得，故在篇題中增「打手」二字，使其名實相副。

太極拳打手要訣〔一〕（四言四句）

筋骨要鬆，皮毛要攻。
節節貫串，虛靈在中。

校記

〔一〕本篇採自「鑫本」，原題杜育萬述蔣發受山西師傅歌訣，共有兩篇，這是其中的第一篇。所謂蔣發受山西師傅之歌訣，這很可能是出於杜育萬的假託。如本卷太極拳經歌訣詮解一文，通過與「微本」所輯太極拳論一文相互校勘，就足以證明兩者源出於一本；至於杜育萬是否直接從當時已出版發行的陳微明著太極拳術一書中轉輯，這也是不無可能的。而且本篇「節節貫串」一語，即採自前文中的「周身節節貫串」句，說明原有篇名顯屬妄題，故特改題今名。

打手身法歌〔一〕（七言六句）

被打欲跌須雀躍，巧擠逃時要合身。
拔背涵胸含太極，裹襠護臂〔二〕跴五行〔三〕。
學者悟透其中意，一身妙法豁然能。

校記

〔一〕本篇採自「萬本」，原列在清·王宗岳打手歌之後，無篇題，顯係後人所作。今之篇題，係點校者據文補擬。

〔二〕「裹襠護臂」此四字可能是「裹膽護肫」之誤，可參看本書卷二身法八要。肫，音諄，禽类的胃部，如鷄肫。但此處借指人的大腹部。往昔有的人誤把肫字當作「臀」字的俗寫；後來又有人改「護臀」為「護臂」，從而產生了「裹襠護臂」之說。

〔三〕〔跴五行〕跴，「踩」字之異寫。踩五行，即脚踩「五步」（進、退、顧、盼、定）也。八門五步有「脚跐五行」句，跐音此，踩也。以上二字，義無不同。

十三勢打手歌訣〔一〕（七言六句）

掤攦擠按須認真，採挒肘靠就曲伸。
進退顧盼與中定，粘連依隨虛實分。
手足相隨腰腿整，引進落空妙入神。

校記

〔一〕本篇採自「萬本」，原題打手歌，顯係後人仿清・王宗岳打手歌所作的續篇，其特點是把十三勢——即「八門五步」都列入這首歌訣中去。玆為區別王著打手歌，故特據文改擬篇題。

十三勢行功心解〔一〕

以心行氣，務令沉着，乃〔二〕能收斂入骨。以氣運身，務令順遂，乃能便利從心。

精神能提得起，則無遲重之虞，所謂「頂頭懸」也。

意氣須換得靈，乃有圓活之趣〔三〕，所謂「變轉虛實」〔四〕也。

發勁須沉着鬆淨〔五〕，專主〔六〕一方。立身須中正安舒，支撐〔七〕八面。行氣如九曲珠，無微不到〔八〕。運勁如百煉鋼，何堅不摧〔九〕？

形如搏兔之鶻〔十〕，神如捕鼠之貓。靜如山岳，動若江河〔十一〕。蓄勁如開弓〔十二〕，發勁如放箭。曲中求直，蓄而後發。力由脊發，步隨身換〔十三〕。

收即是放，放即是收，斷而復連〔十四〕。往復須有摺疊，進退須有轉換。極柔軟，然後極堅剛；能呼吸，然後能靈活。氣以直養而無害，勁以曲蓄而有餘。心為令，氣為旗，腰為纛〔十五〕。先求開展，後求緊湊，乃可臻於縝密矣〔十六〕！

又曰：先在心，後在身。腹鬆淨〔十七〕，氣斂入骨〔十八〕。神舒體靜，刻刻在心。切記一動無有不動，一靜無有不靜。牽動往來氣貼背〔十九〕，斂入脊骨〔二十〕。內固精神，外示安逸。邁步如猫行，運勁如抽絲。全身意在精神，不在氣，在氣則滯〔二十一〕。有氣者無力，無氣者純剛。氣如車輪，腰似車軸〔二十二〕。

校記

〔一〕本篇較早見於「微本」，故特採自「微本」。「許本」未輯入此篇。「楊本」與此略同。「澄本」的前部份至「乃可臻於縝密矣」句，獨立成篇，篇題作王宗岳原序，意思説：這是清代王宗岳所著太極拳譜一書中原有的序文。又將本篇最後一段「又曰」，别列在篇題為原文的第二段。而原文的第一段為：「又曰：彼不動，己不動，彼微動，己先動。勁似鬆非鬆，將展未展，勁斷意不斷」二十八個字。此二十八個字，「微本」、「萬本」都列在王宗岳打手歌之後，惟獨「楊本」一併列入十三勢行功心解一文内。

據考，本篇有可能是陳微明或别人根據武禹襄十三勢行功要解、太極拳解和太極拳論要解三篇文章改寫而成的。這與李亦畬將武著的四篇文章輯成打手要言一事，兩者在方法上有着明顯的不同：李氏祇採取了輯集滙編的方法，合四小篇為一大篇；但「微本」的十三勢行功心解，其前部份是屬於改寫性質的。這類方法雖不可取，但因本篇經過各種刊本的輾轉輯載，傳布極為廣泛，影响深遠，太極拳專著中引述此中語録者亦較多見，故仍予收録，以備查考。餘請參閱本書卷二的有關各篇。因本篇既屬改寫，故不再與原著逐句互校。

〔二〕「**乃**」此字「萬本」作「方」。

〔三〕「**乃有圓活之趣**」「微本」原已改作「乃有圓活之妙」。而「楊本」、「澄本」仍作

「乃有圓活之趣」，今因之。「萬本」作「乃能有圓活之趣」，增一「能」字。

〔四〕［**變轉虛實**］「澄本」載有一式兩篇，一作「變化虛實」，另一作「變動虛實」。「徐本」作「變動虛實」。「楊本」、「萬本」、「炎本」之此句，與「微本」相同，作「變轉虛實」。

〔五〕［**鬆淨**］「楊本」、「徐本」、「炎本」均同此。「澄本」一作「鬆淨」，另一作「鬆靜」。「萬本」作「鬆靜」。

〔六〕［**專主**］「萬本」作「專注」。

〔七〕［**支撐**］「微本」原作「撐支」，今據各本改之。

〔八〕［**無微不到**］「澄本」中有一篇同此，另一篇則作「無往不利」，並在其下有夾註曰：「氣遍身軀之謂」。「楊本」、「徐本」、「炎本」均與後者相同。「萬本」誤作「無微不利」。

〔九〕［**何堅不摧**］「楊本」、「炎本」作「無堅不摧」。「澄本」則兩種兼而有之。

〔十〕［**鶻**］「澄本」一同此，另一作「鵠」。「萬本」作「鶻」，而「楊本」、「徐本」、「炎本」均作「鵠」。鵠，天鵝。鶻，即隼也。故以「鶻」為是。

〔十一〕［**動若江河**］「萬本」作「動似江河」，「楊本」及「炎本」作「動如江河」。「澄本」則

「若」、「如」二字皆備。

〔十二〕〔**開弓**〕「微本」作「張弓」。今據「楊本」。「澄本」則兩者兼而有之。

〔十三〕〔**步隨身換**〕「萬本」作「步隨身轉」，以「換」為是。

〔十四〕〔**收即是放，放即是收，斷而復連**〕「姚本」與此相同。「楊本」、「徐本」、「炎本」均無中間的「放即是收」四字。「澄本」則兼輯入這兩種本子。「萬本」除有「微本」這十二字外，其下更有「連而復斷」四字。

〔十五〕〔**腰爲纛**〕纛音道，或音毒。據古代後起之義，凡軍中或儀從後之大旗，通稱曰「纛」。「萬本」在此句下別有「脊為旃」三個字。「旃」，旃字之俗寫。旃，音沾，說文：「旃，旗曲柄也。」由於人體脊柱是最重要的軀幹骨，它是略呈自然彎曲的，故喻脊為旃。

〔十六〕〔**乃可臻於縝密矣**〕「楊本」在此段後，另有一段「又曰」，計二十八個字，詳見本文校記〔一〕。

〔十七〕〔**腹鬆淨**〕「楊本」、「徐本」、「澄本」、「炎本」均作「腹鬆」二字。「萬本」則作「身腹鬆淨」，衍為四字句。

〔十八〕「氣斂入骨」「楊本」作「氣沉入骨」。

〔十九〕「氣貼背」「萬本」作「氣貼脊背」。

〔二十〕「斂入脊骨」「楊本」作「而斂入脊骨」。「萬本」作「斂入骨髓」。

〔二十一〕「在氣則滯」「萬本」在此句之下，增益「在神則活」四字。

〔二十二〕「氣如車輪，腰似車軸」「萬本」同此。「楊本」作「氣若車輪，腰如車軸」，「澄本」脫一「氣」字，餘同「楊本」。「徐本」、「炎本」亦從「楊本」。「姚本」則在此句之下尚有「勁似鬆非鬆，將展未展，勁斷意不斷，藕斷絲亦連」十九個字。「楊本」有此句，但列在末段的「又曰」之前，並且無「藕斷絲亦連」五字，請參閱本篇校記〔一〕、〔十六〕。

十三勢行功心訣〔一〕（三言四句）

輕則伶〔二〕，伶則動；

動則變，變則化。

校記

〔一〕本篇據傳為楊健侯口授之行功心得，一說是在評十三勢行功心解一文時說的，但此說有待考證。楊健侯（一八三九——一九一七），名鑑，號鏡湖，楊祿禪之第三子。幼時與其兄班侯（一八三七——一八九二）一同從父習拳，學練勤苦，而其性格較班侯溫和，因此，成年後從學者衆。

〔二〕「伶」全篇兩個「伶」字，見於「澄本」之田兆麟序，均作「靈」。序曰：「尊師常談：輕則靈，靈則動，動則變，變則化。」田為楊澄甫之學生，說明澄甫亦常談此訣耳！

身法十要〔一〕（四言十句）

提起精神，

虛靈頂勁，
含胸拔背，
鬆肩墜肘，
氣沉丹田；
手與肩平，
胯與膝平，
尻道〔二〕上提，
尾閭中正，
内外相合。

校記

〔一〕本篇採自「澄本」，原題為「身法」二字，列在太極拳十三勢名目之後，原無標點。這篇較卷二身法八要更為詳盡，却也各有特色，如：身法八要强調「裹膪，護肫」，那便是本篇所未提及的，而本篇的「胯與膝平」等要點，也是身法八要所不曾列入的。

〔二〕「尻道」尻，音考（陰平），屁股或脊骨末端。尻道一作「谷道」，指肛門部位。「尻道上提」也即武術術語所説的「提肛」。具體地説，即是適度地收縮會陰底肌和肛門括約肌，以促進下盤穩固。

練法十要〔一〕（四言十句）

不强用力，以心行氣；
步如貓行，上下相隨；
呼吸自然，一線串成；
變換在腰，氣行四肢；
分清虛實，圓轉如意。

校記

〔一〕本篇採自「澄本」，原題為「練法」二字，列身法之後，原無標點。「澄本」出版以前的六年，由楊澄甫口授、陳微明筆述的太極拳術十要一文已在陳微明著太極拳術一書中發表，其條目為：

一、虛靈頂勁，
二、含胸拔背，
三、鬆腰，
四、分虛實，
五、沉肩墜肘，
六、用意不用力，
七、上下相隨，
八、內外相合，
九、相連不斷，

十、動中求静。

以上十要，若與本篇及身法相互對照，則太極拳術十要的條目，極可能是據身法、練法這兩個十要提煉而成的。

太極拳十三勢名目〔一〕

太極起勢〔二〕　攬雀尾

單鞭　提手上勢

白鶴亮翅　摟膝拗步〔三〕

手揮琵琶勢〔四〕　左右摟膝拗步三個〔五〕

手揮琵琶勢　進步搬攬錘〔六〕

如封似閉　十字手

抱虎歸山　肘底看錘

左右倒輦猴（七）　斜飛勢

提手上勢　白鶴亮翅

左摟膝拗步　海底針

山通臂（八）　撇身錘

上步搬攬錘（九）　攬雀尾（十）

單鞭　左右抎手（十一）

單鞭　高探馬

左右分脚　轉身蹬脚

左右摟膝拗步　進步栽錘

翻身二起（十二）　左右披身伏虎（十三）

回身蹬脚（十四）　雙風貫耳（十五）

左蹬脚　轉身右蹬脚

上步搬攬錘
如封似閉
十字手
抱虎歸山
斜單鞭
左右野馬分鬃（十六）
上步攬雀尾（十七）
單鞭
玉女穿梭
上步攬雀尾（十八）
單鞭
抎手
單鞭下勢（十九）
金鷄獨立
左右倒輦猴
斜飛勢
提手上勢
白鶴亮翅
摟膝拗步（二十）
海底針
山通臂
白蛇吐信（二十一）
上步搬攬錘
進步攬雀尾（二十二）
單鞭
抎手

單鞭　　高探馬帶穿掌〔二十三〕

轉身十字腿〔二十四〕　　進步指膛錘

上勢攬雀尾〔二十五〕　　單鞭下勢

上步七星錘〔二十六〕　　退步跨虎勢〔二十七〕

轉身雙擺蓮〔二十八〕　　彎弓射虎

上步搬攬錘　　如封似閉

十字手　　合太極〔二十九〕

以上太極拳名稱三十七〔三十〕，全套七十八個姿勢〔三十一〕，完。

校記

〔一〕本篇採自「澄本」，原題為太極拳十三勢，當是楊澄甫在一九三一年太極拳使用法一書出版之前使用過的勢架程序譜，也即狹義的「楊氏太極拳譜」。此譜全套編為七十八式，雖較本書卷二所收的十三勢架增加了二十餘式，但如仔細對照，即可證明這兩份十三勢架程序譜是一脈相承的。如減去增益部份，則餘下的拳式名稱、程序及其内容，與武禹襄傳遞給李亦畬的十三勢架基本上是一致的，其總的格局始終未變。而細觀本篇式數的增益，其中大都是一些重複式，新創的式數不多。從而足以證明，「李本」的十三勢架，當是楊祿禪授武禹襄之譜，而不會是陳清萍所授之譜。

若再以本篇與「傳本」相互對照，則可發現楊澄甫生前最後定型的、後被編為八十五式的楊式太極拳，較本篇僅增益了「左摟膝拗步」一式，並將「翻身二起」改為難度較小的三個術式，即：「翻身撇身捶」、「進步搬攔捶」和「右蹬脚」。而且這三式都屬於原有基本拳式的重複式。此外，或者是分一式為兩式，或者在文字上作些潤改。由於上述楊式兩份譜的關係極為密切，在演變發展方面具有一定的研究價值，故特地收録，並與「傳本」逐式互校。

〔二〕「**太極起勢**」「傳本」分為「預備式」和「起勢」兩式。

〔三〕「**摟膝拗步**」「傳本」此式式名作「左摟膝拗步」，實際内容相同。

〔四〕「**手揮琵琶勢**」「傳本」簡一「勢」字，下同，不另註明。

〔五〕「**三個**」「傳本」無此二字，而在文内説明。

〔六〕〔**進步搬攬錘**〕「傅本」作「進步搬攔捶」，下同。「傅本」各式所有「錘」字均作「捶」。此式之上，「傅本」尚有「左摟膝拗步」一式，為本篇所無。

〔七〕〔**左右倒輦猴**〕「傅本」作「左右倒攆猴」，下同。

〔八〕〔**山通臂**〕「傅本」作「扇通背」，下同。

〔九〕〔**上步搬攬錘**〕「傅本」均作「進步搬攔捶」，下同。惟「傅本」第六十七式脫漏「進步」二字。

〔十〕〔**攬雀尾**〕此式「傅本」為「上步攬雀尾」。

〔十一〕〔**左右紜手**〕「傅本」一概作「雲手」；此處亦無「左右」二字，省略之故也。

〔十二〕〔**翻身二起**〕「傅本」以「翻身撇身捶」、「進步搬攔捶」、和「右蹬脚」三個式子取代此一式。

〔十三〕〔**左右披身伏虎**〕「傅本」分列為「左打虎式」和「右打虎式」兩式。

〔十四〕〔**回身蹬脚**〕「傅本」作「回身右蹬脚」。

〔十五〕〔**雙風貫耳**〕「傅本」作「雙峯貫耳」。

〔十六〕〔**左右野馬分鬃**〕「傅本」省去「左右」二字。

〔十七〕〔十八〕〔**上步攬雀尾**〕此二式「傅本」無「上步」二字。

〔十九〕〔**單鞭下勢**〕「傅本」分列為「單鞭」與「下勢」。下同。

〔二十〕〔**摟膝抝步**〕「傅本」作「左摟膝抝步」，與校記〔三〕同。

〔二十一〕〔**白蛇吐信**〕「傅本」冠以「轉身」二字，作「轉身白蛇吐信」。

〔二十二〕〔**進步攬雀尾**〕此式「傅本」作「攬雀尾」，脫漏「上步」二字，但不是「進步」。按照「傅本」有關攬雀尾的命名，凡含有「左掤式」的稱為「攬雀尾」；而不含「左掤式」，並邁上一大步者，便稱為「上步攬雀尾」。僅此兩種。

〔二十三〕〔**高探馬帶穿掌**〕此式「帶」字「澄本」作「代」，係當時俗寫之簡體字，今據「傅本」改之。

〔二十四〕〔**轉身十字腿**〕「傅本」省去「轉身」二字。

〔二十五〕〔**上勢攬雀尾**〕「傅本」作「上步攬雀尾」。

〔二十六〕〔**上步七星錘**〕「傅本」作「上步七星」。

〔二十七〕「退步跨虎勢」「傳本」作「退步跨虎」。
〔二十八〕「轉身雙擺蓮」「傳本」省去一「雙」字。
〔二十九〕「合太極」「傳本」作「收勢」。
〔三十〕「太極拳名稱三十七」指太極拳的三十七個基本拳式名稱。
〔三十一〕「七十八個姿勢」即七十八式。

卷五　杨谱：清代楊氏傳鈔老譜（一）

八門五步（一）

掤南，握西，擠東，按北；採西北，挒東南，肘東北，靠西南——方位。

坎，離，兌，震；巽，乾，坤，艮〔二〕——八門。方位八門，乃為陰陽顛倒之理，周而復始，隨其所行也。總之，四正、四隅不可不知矣〔三〕！

夫掤、擺、擠、按是四正之手，採、挒、肘、靠是四隅之手。合隅、正之手，得門、位之卦。以身分步，五行在意，支撐八面。

五行〔四〕：進步火，退步水，左顧木，右盼金，定之方中土也。

夫進退為水火之步，顧盼為金木之步，以中土為樞機之軸。懷藏八卦，脚跐〔五〕五行，手步八五，其數十三，出於自然。十三勢也，名之曰「八門五步」。

校記

〔一〕本卷為楊氏老譜之初階部份，共十二目。全卷均採自「萬本」，並以其他刊本參校訂正。

此十二目各篇之篇題中，其特點是原無「解」字，從各篇文辭分析，似出於一人之手。本篇亦見於「澄本」、「佑本」。

〔二〕［**坎，離，兑，震；巽，乾，坤，艮**］「佑本」、「澄本」皆如此，而「萬本」則作「離，兑，震，坎；乾，巽，艮，坤」。後者應用的是「文王八卦」。

〔三〕［**矣**］「佑本」、「萬本」皆如此，而「澄本」作「也」。

〔四〕［**五行**］「澄本」、「萬本」皆如此，而「佑本」作「五行者」，多一「者」字。

〔五〕［**跐**］讀如「此」，踩也。「澄本」誤作「趾」。

八門五步用功法

八卦五行，是人生成固有之良〔一〕，必先明「知覺運動」四字之本由〔二〕，知覺運動得之後，而后方能懂勁〔三〕；由懂勁後，自能接及神明矣〔四〕！

然用功之初，要知知覺運動雖固有之良，亦甚難得之於我也〔五〕！

校記

〔一〕［**固有之良**］意即本來就有的好東西。可參閱下一篇固有分明法一文所述。

〔二〕［**本由**］「佑本」、「萬本」皆如此，而「澄本」作「根由」。義無不同。

〔三〕［**而后方能懂勁**］「澄本」、「佑本」皆如此，而「萬本」無「而后」兩字。此處原文作「而后」，不作「而後」，但前文「得之後」也是原文，而不作「得之后」。

〔四〕［**矣**］「澄本」、「萬本」此處皆有「矣」字，而「佑本」無此字。

〔五〕［**亦甚難得之於我也**］「澄本」、「萬本」皆脫一「之」字，今據「佑本」。本卷固有分明法一文中有「先求自己知覺運動得之於身」一語，這「得之於身」四字，與本句「得之於我」的實際含義是相同的。

固有分明法〔一〕

蓋人生降之初，目能視，耳能聽，鼻能聞，口能食。顏色、聲音、香臭、五味，皆天然知覺固有之良；其手舞足蹈與四肢之能〔二〕，皆天然運動之良。思及此，是人孰無？因人性近習遠，失迷固有。要想還我固有，非乃武無以尋運動之根由，非乃文無以得知覺之本原。是乃運動而知覺也。

夫運而知，動而覺〔三〕；不運不覺，不動不知。運極則為動，覺盛則為知。動知者易，運覺者難。先求自己知覺運動得之於身，自能知人；要先求知人，恐失於自己。不可不知此理也。夫而後懂勁然也。

校記

〔一〕「澄本」未輯入本篇。

〔二〕「其手舞足蹈與四肢之能」其中「蹈」字，「萬本」誤寫作「跳」；「與」字，「佑本」作「於」。

〔三〕「夫運而知，動而覺」「佑本」作「夫運而知，動而知」。

粘黏連隨〔一〕

粘者，提上拔高之謂也。黏者，留戀繾綣之謂也。連者，捨己無離之謂也。隨者，彼走此應之謂也〔二〕。要知〔三〕人之知覺運動，非明粘、黏、連、隨不可。斯粘、黏、連、隨之功夫，亦甚細矣！

校記

〔一〕本篇篇題共四字，唯「沈本」作粘黏連隨解，增一「解」字，當為後人所加。查「澄本」

所載此篇，篇題中亦無「解」字。而沈家楨藏本既係直接抄自楊澄甫家傳的藏本，如不加增刪，自應與「澄本」相互一致。今細審「沈本」所有各篇，其中不乏通篇增刪潤改者，雖不悖於原著之精神，却有違於保存古籍的本有面目。至於「萬本」、「佑本」和「澄本」三者，其所載楊氏老譜的篇數，以「萬本」最為齊備，「佑本」次之，「澄本」則屬選本，僅選輯其中十五篇。此十五篇中，有九篇是屬於本卷的，其餘在本書卷六、卷七中各有三篇。

〔二〕以上四句，「澄本」、「佑本」、「萬本」皆如此，而「沈本」則作「提上拔高謂之粘，留戀繾綣謂之黏，捨己無離謂之連，彼走此應謂之隨」。含義雖無不同，但文字却是經過重新組合和潤飾的。

〔三〕「**要知**」「佑本」、「萬本」、「沈本」均如此，而「澄本」作「要之」。此外，本卷所收頂匾丟抗一文中也有「要知」二字，而對是篇，「澄本」與各本一樣作「要知」。這就足以證明，本篇「澄本」的「要之」二字，原著當為「要知」而無疑焉！

頂匾丟抗〔一〕

頂者，出頭之謂也。匾者，不及之謂也。丟者，離開之謂也。抗者，太過之謂也〔二〕。要知於此〔三〕四字之病，不但粘黏連隨之功斷〔四〕，且〔五〕不明知覺運動也〔六〕。初學對手，不可不知也〔七〕！更不可不去此病〔八〕。所難者粘黏連隨〔九〕，而不許頂匾丟抗，是所不易也！

校記

〔一〕本篇篇題共四字，「佑本」、「萬本」、「澄本」皆同，惟獨「沈本」增一「解」字，作頂匾丟抗解。餘請參閱本卷粘黏連隨一文之校記〔一〕。

〔二〕以上四句，「沈本」在各句之末均無「也」字。

〔三〕「**於此**」「澄本」、「佑本」皆作「於此」。而「萬本」作「如此」；「沈本」則作「此」，刪去一「於」字。

〔四〕「**不但粘黏連隨之功斷**」「萬本」、「沈本」皆如此，而「佑本」和「澄本」無「之功」二字，即作「不但粘黏連隨斷」。

〔五〕「**且**」「佑本」無此字；「澄本」作「亦」。

〔六〕「**也**」「沈本」作「矣」。

〔七〕「**初學對手不可不知也**」「沈本」作「初學對待者不可不知」。

〔八〕「**更不可不去此病**」「佑本」、「萬本」皆如此，「澄本」則作「更不可不知此病」。查上面已有「不可不知也」一句，緊接着便說「更不可不去此病」，故以「不去此病」為是；反之，若作「更不可不知此病」，則不僅上、下句重複，而且於文理亦不通矣！「沈本」則作「更不可不去此四病」，增一「四」字。

〔九〕「**所難者粘黏連隨**」「沈本」改作「所難在粘黏連隨中」，並刪去下半句的「而」字，連接成一句，即：「所難在粘黏連隨中不許頂匾丟抗」。

對待無病

頂、匾、丟、抗，失於對待也〔一〕，所以為之病者〔二〕，既失粘、黏、連、隨，何以得〔三〕知覺運動？既不知己〔四〕，焉能知人？所謂對待者，不以頂、匾、丟、抗相對於人也；要以粘、黏、連、隨等待於人也〔五〕。能如是，不但對待無病〔六〕，知覺運動亦〔七〕自然得矣〔八〕，可以進於懂勁之功矣！

校記

〔一〕〔失於對待也〕「沈本」作「失之對待也」。

〔二〕〔所以爲之病者〕「萬本」、「佑本」皆如此，「澄本」作「所以謂之病者」。為，作為，意即其所以作為病者。謂，稱也，意即其所以被稱作病者。兩者皆可通。「沈本」作「所以謂之病」，省去一「者」。

〔三〕〔得〕「萬本」、「澄本」皆如此，「佑本」作「獲」，兩者義無不同。而「沈本」將本句「何以得知覺運動」，改為「何能得到知覺運動」。

〔四〕〔既不知己〕「沈本」作「既不能知之於己」。

〔五〕〔等待於人也〕「澄本」脱一「於」字。

〔六〕〔不但對待無病〕「澄本」、「萬本」皆如此，而「佑本」作「不但無對待之病」。

〔七〕〔亦〕「佑本」無此「亦」字。

〔八〕〔所謂對待者，……自然得矣〕此段「沈本」與各本出入較大，故祇得整段抄録如下：「所謂對待無病者，乃不以頂匾丟抗對待於人，要以粘黏連隨對待於人耳！能如是，不但無病，知覺運動自然得之。」「澄本」第一句作「所謂對待」，脱一「者」字。

對待用功法守中土〔一〕（七言十句）

——俗名「站樁」〔二〕

定之方中足有根〔三〕，先明四正進退身。
掤攦擠按自四手，須費功夫得其真。
身形腰頂皆可以，粘黏連隨意氣均〔四〕。
運動知覺來相應，神是君位骨肉臣。
分明火候七十二，天然乃武並乃文。

校記

〔一〕本篇篇題，「沈本」在末尾增一「歌」字，而「澄本」、「佑本」、「萬本」均無此「歌」字。

但「澄本」全文是按前六句、後四句排列，形成兩首。

〔二〕［**俗名站樁**］此四字原係傍註。樁，音床，旗桿；又同「幢」，則為古代旗子一類的東西，如幡幢。説明「站樁」一詞，原來可能是站樁的異稱。而本篇所敘「站樁」，似與站樁稍有不同，雖然兩者都要求練出「强似不倒翁」的腰腿功夫，但本篇中的「站樁」一般指的是屬於動功活樁性質，而不是专指靜功。太極圈歌訣中所説的「此為動功非站定」，以及太極平準腰頂解所説的「一轟搖又轉」，都可作為「站樁」的註脚。

〔三〕［**足有根**］「佑本」、「澄本」和「沈本」皆如此，而「萬本」作「足為根」。

〔四〕［**意氣均**］「沈本」作「意氣君」。

身形腰頂〔一〕（七言六句）

身形腰頂豈可無？缺一何必費功夫！

腰頂窮研生不已，身形順我自伸舒。
捨此真理終何極？十年數載亦糊塗！

校記

〔一〕本篇文字，「澄本」、「佑本」、「萬本」皆同。其中「功夫」一詞，「佑本」、「萬本」作「工夫」，這原本是通用的，音義皆同。

太極圈〔一〕（七言十句）

退圈容易進圈難，不離腰頂後與前。
所難中土不離位，退易進難仔細研。
此為動功〔二〕非站定，倚身〔三〕進退並比肩。

能如水磨催急緩〔四〕，雲龍風虎象周旋〔五〕。
要用天盤從此覓，久而久之出天然〔六〕。

校記

〔一〕本篇之篇題共三個字，而「沈本」作太極圈歌，增一「歌」字。

〔二〕**「動功」**「佑本」、「沈本」皆如此，而「澄本」、「萬本」作「動工」。

〔三〕**「倚身」**「沈本」作「以身」。「炎本」作「使身」。

〔四〕**「催急緩」**「澄本」、「萬本」、「炎本」皆如此，而「佑本」作「摧急緩」，「沈本」則改作「動急緩」。

〔五〕**「象周旋」**「佑本」、「沈本」皆如此，「炎本」卷六所引作「相周旋」，而「澄本」、「萬本」作「象周全」。

〔六〕**「出天然」**「萬本」作「出自然」，今據各本改之。

太極進退不已功〔一〕（七言九句）

掤進攦退〔二〕自然理，陰陽水火相既濟〔三〕。
先知四手得來真，採挒肘靠方可許。
四隅從此演出來，十三勢架永無已。
所以因之名「長拳」，任君開展與收斂，千萬不可離太極。

校記

〔一〕本篇「佑本」、「萬本」均為七言九句，「澄本」未選入。疑第七句「所以因之名長拳」，原係上一句之夾註而被誤成正文的，确否待考。

〔二〕「**掤進攦退**」「佑本」如此，而「萬本」作「掤攦擠按」。今據「佑本」。

〔三〕〔相既濟〕「佑本」如此，「萬本」作「既相濟」，以前者為是。

太極上下名天地（七言八句）

四手上下分天地，採挒掤攦有由去〔一〕。
採天攦地相應求，何患上下不既濟？
若使挒掤習遠離，迷了乾坤遺歎惜！
此說亦明天地盤，進用掤挒歸人字。

校記

〔一〕〔有由去〕「萬本」、「澄本」皆如此。由，從也。「有由去」，意即「有來去」。而「佑本」作「由有去」，但亦可解為「來而有去」。

太極人盤八字功〔一〕（七言四句三首）

其一

八卦正隅八字歌，十三之數不幾何！
幾何若是無平準，丢了腰頂氣歎哦！

其二

不斷要言祇兩字，君臣骨肉細琢磨。
功夫內外均不斷，對待數兒豈錯他！

其三

對待於人出自然，由此〔二〕往復於地天。
但求捨己無深病，上下進退永連綿。

校記

〔一〕本篇篇題之末一字，在「萬本」與「佑本」的目録上均作「功」，而内文中的篇名却又都作「歌」字。今據目録訂正。至於首句中「八字歌」三字，一仍其舊，這與篇名並無矛盾。本篇原據韻脚分為前八句、後四句兩段，形成兩首。但前八句中的前後四句，又各以「平準」與「内外」作為主題，故特按三首計算，並標明序號，以資識别。

〔二〕「**由此**」「佑本」作「由兹」。義無不同。

卷六　楊譜：清代楊氏傳鈔老譜（二）

太極體用解（一）

理為精、氣、神之體，精、氣、神為身之體。身為心之用，勁力為身之用。心、身有一定之主宰者〔二〕，理也。精、氣、神有一定之主宰者，意誠也。誠者，天道；誠之者，人道。俱不外意念須臾之間。

要知天人同體之理，自得日月流行之氣。其氣意之流行，精神自隱微乎理矣！夫而後言乃武、乃文、乃聖、乃神，則得矣〔三〕。若特以武事論之於心身，用之於勁力，仍歸於道之本也，故不得〔四〕獨以末技云爾！

勁由於筋，力由於骨，如以持物論之，有力能執數百斤，是骨節、皮毛之外操也，故有硬力。如以全體之有勁，似不能持幾斤，是精氣之內壯也。雖然，若是功成後猶有妙出於硬力者〔五〕，修身、體育之道〔六〕有然也。

校記

〔一〕本卷八篇及卷七之十二篇，兩共二十篇，乃是楊氏老譜之進階部份。這兩卷文章的體裁比較統一，除卷七有歌訣及圖解各一篇外，其餘都是論説文。而且，在各篇篇題之末尾，都有一

「解」字，這些篇題又大都冠以「太極」字樣，祇有本卷的八五十三勢長拳解與人身太極解這兩篇，一以「八五十三勢」代替「太極」一詞，一將「太極」二字放在篇題中間。總之，上述二十篇的篇題標明，這是系統地解說太極拳原理的教材，但未署為誰所著。本卷採自「萬本」，並以其他有關的刊本參校訂正。篇題中「太極」一詞，一般是作為太極拳的簡稱，至今民間仍有應用這一簡稱的。

〔二〕「**心身有一定之主宰者**」「萬本」作「心身為一定之主宰者」。今據「佑本」改之。

〔三〕「**則得矣**」「萬本」作「則得」二字，今據「佑本」補入「矣」字。

〔四〕「**故不得**」「萬本」脱一「得」字，今據「佑本」補正。

〔五〕「**硬力者**」「萬本」作「勁力者」，訛也。今據「佑本」訂正。

〔六〕「**體育之道**」「體育」一詞，始見於清代後期，它與本篇中「體用」一詞，就其流行而言，都具有一定的時代特徵。據此探索，將有助於斷定作品產生的大概年代。本卷中太極文武解、太極分文武三成解等篇，亦應用「體育」一詞，這是值得體育史、武術史和太極拳研究者關注的。

太極文武解〔一〕

文者，體也；武者，用也。文功在武用於精氣神也，為之體育〔二〕；武功得文體於心身也，為之武事〔三〕。

夫文武尤有火候之謂，在卷放得其時中〔四〕，體育之本也〔五〕。文武使於對待之際，在蓄發當其可者，武事之根也。故云：武事文為，柔軟體操也，精氣神之筋勁也〔六〕；武事武用，剛硬武事也，心身之骨力也。文無武之預備，為之有體無用；武無文之侶伴，為之有用無體。如獨木難支，孤掌不響。不惟體育，武事之功，事事諸如此理也。

文者，內理也；武者，外數也。有外數無文理〔七〕，必為血氣之勇，失於本來面目〔八〕，欺敵必敗爾〔九〕！有文理無外數〔十〕，徒思安靜之學，未知用於採戰〔十一〕，差微則亡耳〔十二〕！

自用、於人〔十三〕，文武二字之解，豈可不解哉〔十四〕！

校記

〔一〕本篇採自「萬本」，並以「佑本」、「沈本」參校。「佑本」與「萬本」基本相同，而與「沈本」出入頗大。

〔二〕**「文功在武用於精氣神也，爲之體育」**「萬本」脱一「氣」字，今據「佑本」補正。此句「沈本」作「文功武用於精氣神，謂之文體」。

〔三〕**「武功得文體於心身也，爲之武事」**「萬本」、「佑本」皆如此，而「沈本」删去一「也」字，並改「為」作「謂」。

〔四〕**「在卷放得其時中」**卷放，即「捲放」。「萬本」的「卷」字誤寫在「得」字之下，成為「在放得卷其時中」；「佑本」則將「卷放」二字錯寫成「放卷」，今據「沈本」訂正。

〔五〕**「體育之本也」**「沈本」作「文體之本」四字。「沈本」自此句之後，直至「如此理也」，其整段文字與「萬本」、「佑本」出入殊巨，似是經過全面性的增益和刪改。為此，衹得將其整段文字另録如後：

「武事文為，乃屬於柔軟文體也。在蓄發適當其可者，武事之根，文事武用，乃屬於堅剛武事也。精氣神與筋骨，乃文事武用，若堅剛武事，乃心身內之骨力也。夫文無武之預備，是有體無用；武無文之伴侶，是有用無體。獨木難支，孤掌不鳴，不唯文體武事如此，天下事，事事皆如此理也。」

〔六〕〔**精氣神之筋勁也**〕「佑本」脱一「也」字。

〔七〕〔**有外數無文理**〕「沈本」作「有外數無內理」。

〔八〕〔**失於本來面目**〕「沈本」作「失去本來面目」。

〔九〕〔**欺敵必敗爾**〕「沈本」無末尾之「爾」字。

〔十〕〔**有文理無外數**〕「沈本」作「有內理無外數」。

〔十一〕〔**未知用於採戰**〕「佑本」作「未知用的採戰」。「沈本」作「未知用以操戰」。「採戰」原屬道家之術語，與「操戰」之含義不同。請參閲本卷所載太極懂勁解一文。

〔十二〕〔**差微則亡耳**〕亡，「萬本」原作「無」，今據「佑本」改。「沈本」此句同「佑本」。

〔十三〕〔自用、於人〕「沈本」作「自用及於人」。

〔十四〕〔豈可不解哉〕「沈本」作「豈可忽哉」。

太極懂勁解〔一〕

自己懂勁，接及神明，為之文成。而後採戰〔二〕身中之陰七十有二，無時不然。陽得其陰，水火既濟，乾坤交泰，性命葆真矣！於人懂勁，視聽之際，遇而變化，自得曲誠之妙形，著明於不勞，運動知覺也〔三〕。功至此，可為攸往咸宜，無須有心之運用耳！

校記

〔一〕本篇採自「萬本」與「佑本」，並作了相互校勘。

〔二〕「採戰」含有採補的意思。「採戰身中之陰」，即道家所謂「採陰補陽」，因之，後文才有「陽得其陰」之說。但此處主要是指通過太極拳鍛煉的修身養性，使自身之陰陽兩氣互補，以達到陰平陽秘，心腎相交，進而獲取延年益壽之良效。

〔三〕「運動知覺也」「知覺」二字，「佑本」作「覺知」。「於人懂勁，……運動知覺也。」這段話可參閱本卷太極下乘武事解一文：「其功何以得乎？要非粘黏連隨已成，自得運動知覺，方為懂勁。」

八五十三勢長拳解〔一〕

自己用功，一勢一式，用成之後〔二〕，合之為「長」；滔滔不斷，周而復始，所以名「長拳」也。萬不得有一定之架子〔三〕，恐日久入於滑拳也，又恐入於硬拳也，決不可失其綿軟。周身往復，精神、意氣之本，用久自然貫通，無往不至，何堅不摧〔四〕也！

於人對待，四手當先〔五〕，亦自八門五步而來。站四手，四手碾磨，進退四手，中四手〔六〕，上下四手，三才四手。由下乘長拳四手起，大開大展，練至緊凑、屈伸〔七〕自由之功，則升至中、上成〔八〕矣！〔九〕

校記

〔一〕本篇篇題中「八五」指「八門五步」。「十三勢」即以「八門五步」為基礎的太極拳（請參閱本書卷五八門五步一文）。據本文闡釋，所謂「十三勢長拳」，實即指太極拳，而非別有「太極長拳」。至於後人新創「太極長拳」，或認定明末清初之人創有「太極長拳」，前者與本文無甚干係，後者與本文孰是孰非，那是有待於作進一步考證的。

〔二〕「一勢一式，用成之後」「佑本」、「萬本」皆如此，而「澄本」作「式式用成之後」。

〔三〕「萬不得有一定之架子」「佑本」、「萬本」皆如此，而「澄本」作「不得有直勁」。

〔四〕「何堅不摧」摧字「佑本」誤作「推」，「澄本」誤作「推」。皆訛也。

〔五〕「四手當先」「澄本」作「四字當先」。

〔六〕「中四手」「佑本」、「澄本」皆如此，而「萬本」原作「中定四手」。今據「佑本」、「澄本」改之。

〔七〕「屈伸」「澄本」作「伸屈」。

〔八〕「中、上成」太極分文武三成解一文說：「乘者成也。上乘，即大成也，下乘，即小成也；中乘，即誠之者成也。」說明「中、上成」即「中、上乘」也。

〔九〕「澄本」在篇末還有「雖綿有剛」四字，而「佑本」、「萬本」皆無此四字，這可能由別處誤植於此所致。若將此四字置於「屈伸自由之功」句下，則尚可讀得通；而今上、下句難以貫通，顯屬衍文。但也可能是後人所加之註文，被混同正文所致。如太極尺寸分毫解（見本書卷七所收）一文篇末，也有類似的情況。詳請參閱該篇之校記〔七〕。

太極陰陽顛倒解

陽：乾、天、日、火、離、放、出、發、對、開、臣、肉、用、器〔一〕、身、武、立命、方、呼、上、進、隅。

陰：坤、地、月、水〔二〕、坎、卷、入、蓄、待、合、君、骨、體、理、心、文、盡性、圓、吸、下、退、正〔三〕。

蓋顛倒之理，「水、火」二字詳之，則可明。如：火炎上，水潤下者，水能使火在下而用水在上〔四〕，則為顛倒。然非有法治之則不得矣！

譬如〔五〕：水入鼎內，而置〔六〕火之上，鼎中之水得火以然〔七〕之，不但水不能下潤，藉火氣，水必有溫時。火雖炎上，得鼎以隔之〔八〕，是為有極之地，不使炎上之火〔九〕無止息，亦不使潤下之水永滲漏。此所謂〔十〕水火既濟之理也，顛倒之理也。

若使任其火炎上、水潤下〔十一〕，必至水火分為二〔十二〕，則為水火未濟〔十三〕也。

故云：分而為二、合之為一之理也。故云：一而二、二而一，總斯理為三，天、地、人也。

明此陰陽顛倒之理，則可與言道；知道不可須臾離，則可與言人；能以人弘道，知道不遠人，則可與言天地同體。上天，下地，人在其中矣！

苟能參天察地，與日月合其明，與五嶽、四瀆華朽，與四時之錯行〔十四〕，與草木並枯榮，明鬼神之吉兇，知人事之興衰〔十五〕，則可言乾坤為一大天地、人為一小天地也。

夫〔十六〕如人之身心，致知格物於天地之知能，則可言人之良知、良能。若思不失固有，其功用浩然正氣，直養無害，攸久無疆矣！

所謂人身生成一小天地者，天也、性也、地也、命也〔十七〕、人也、虛靈也、神也，若不明之者，烏能配天地為三乎？然非盡性立命、窮神達化之功，胡為乎來哉！

校記

〔一〕〔**器**〕音義均同「氣」。「萬本」、「澄本」作「器」，而「佑本」作「氣」。

〔二〕〔**月、水**〕「澄本」誤植為「水、月」。陰中「月、水」，與前文陽中「日、火」相對，故以「月、水」為是。

〔三〕本篇第一、二段為陰陽對立統一的各對矛盾，亦即太極拳古典理論中常用的辨證名詞或動詞。其中「立命」、「盡性」，原文分別用小字自右而左地橫寫，形如「夾註」，但實因原文無標點，為了不使讀者誤把此二詞看成「立、命」、「盡、性」等四個詞，故而橫寫，並非夾註。

〔四〕〔**水能使火在下而用水在上**〕「萬本」、「佑本」、「澄本」皆如此。但從文理上分析，此句第一個「水」字，極可能是假設性的「若」字之筆誤，即：「若能使火在下而用水在上」。這樣方始較為通順。

〔五〕「**譬如**」「佑本」作「辟如」。

〔六〕「**置**」「佑本」誤作「治」。

〔七〕「**然**」同「燃」，「燃」之本字。說文徐鉉註：「然，俗作燃，蓋後人增加」。

〔八〕「**得鼎以隔之**」「萬本」誤作「得鼎以偶之」。今據「佑本」、「澄本」訂正。

〔九〕「**炎上之火**」「萬本」如此，而「佑本」、「澄本」皆誤作「炎上炎火」。

〔十〕「**此所謂**」「佑本」、「萬本」皆作「此所為」，今據「澄本」。但若作「此所為，水火既濟之理也」，亦可讀通。

〔十一〕「**火炎上、水潤下**」「澄本」作「火炎上來水潤下」，增一「來」字。

〔十二〕「**必至水火分爲二**」「佑本」作「必至水火必分為二」，中間衍一「必」字。

〔十三〕「**水火未濟**」「澄本」誤作「水火來濟」。

〔十四〕「**與四時之錯行**」「澄本」脱一「與」字。

〔十五〕「**知人事之興衰**」「佑本」脱一「之」字。

〔十六〕「**夫**」「澄本」誤排為「天」。

〔十七〕「命也」「萬本」、「澄本」脱一「也」字，與其下「人也」相連，便成了「命人也」。今據「佑本」訂正。

人身太極解

人之周身，心為一身之主宰。主宰，「太極」也。二目為日月，即「兩儀」也。頭像天，足像地，人中之人及中脘〔一〕，合之為「三才」也。四肢「四象」也。

腎水、心火、肝木、肺金、脾土，皆屬陰；膀胱水、小腸火、胆木、大腸金、胃土，皆陽也〔二〕，茲為内也。顱丁火、地閣、承漿水，左耳金、右耳木，兩命門土〔三〕也，茲為外也。

神出於心，目眼為心之苗。精出於腎，腦腎為精之本。氣出於肺，胆氣為肺之原。視思明心動神，流也。聽思聰腦動腎，滑也。鼻之息香臭，口之呼吸出入。水鹹、木酸、土辣、火苦、金甜，及言語聲音，木亮〔四〕、火焦、金潤、土埇、水漂。鼻息、口呼吸之味，皆氣之往來肺之門户。肝胆巽震之風雷，發之聲音，出入五味。此言口、目、鼻、舌、神、意，使之六合，以破六慾也，此内也。手、足、肩、膝、肘、胯，亦使之六合，以正六道也，此外也。

眼、耳、鼻、口、大小便、肚臍，外七竅也。喜、怒、憂、思、悲、恐、驚，内七情也。七情皆以心為主，喜心、怒肝、憂脾、悲肺、恐腎、驚胆、思小腸、怕膀胱、愁胃、慮大腸，此内也。

夫離：南正、午、火、心經；坎：北正、子、水、腎經；震：東正、卯、木、肝經；兑：西正、酉、金、肺經；乾：西北隅、金、大腸化水；坤：西南隅，土、脾化土；巽：東南隅、胆木〔五〕化土；艮：東北隅，胃土化火。此内八卦也。外八卦者〔六〕，二、四為肩，六、八為足，上九、下一，左三、右七也。坎一、坤二、震三、巽四、中五、乾六、兑七、艮八、離九，此九宮也。內九宮亦如此。

表裏者：乙肝，左肋，化金通肺；甲胆，化土通脾；丁心，化木中胆〔七〕，通肝；丙小腸，化水通腎；己脾，化土通胃；戊胃，化火通心，後背前胸，山澤通氣；辛肺，右肋，化水通腎；庚大腸，化金通肺；癸腎，下部，化火通心；壬膀胱，化木通肝。此十天干之內外也。十二地支亦如此之內外也。

明斯理，則可與言修身之道矣。

校記

〔一〕〔**人中之人及中脘**〕中脘，「萬本」、「佑本」原作「中腕」。及，疑為「即」字之筆誤。

〔二〕〔**胃土，皆陽也**〕「萬本」脱漏「胃土」二字；「也」字作「矣」。今據「佑本」訂正。

〔三〕〔**兩命門土**〕「萬本」、「佑本」皆脱一「土」字。

〔四〕〔**木亮**〕「萬本」作「木毫」，今據「佑本」。但本篇文字尚有明顯的脱漏或誤植之處，例如：本段叙及五味——「水鹹、木酸、土辣、火苦、金甜」等語，其文字與上、下句就不易貫串一氣，讀起來不太通暢，疑此十個字是從後文「出入五味」句下誤植於此。無奈因本篇除見於「萬本」、「佑本」之外，其他各刊本一般不曾收録，而「佑本」、「萬本」此處又如同一本，故尚待別一善本予以勘定正誤。

〔五〕〔胆木〕「萬本」脱一「木」字，今據「佑本」補入。

〔六〕〔外八卦者〕「萬本」脱此四字，今據「佑本」補入。

〔七〕〔化木中胆〕「萬本」「胆」字誤作「脾」，今據「佑本」。

太極分文武三成解

蓋言道者，非自修身無由得成〔一〕也。然又分為三乘之修法。乘者，成也。上乘，即大成也；下乘，即小成也；中乘，即誠之者成也。法分三修，成功一也。

文修於內，武修於外。體育內也，武事外也。其修法內外、表裏成功集大成，即上乘也。由體育之文而得武事之武，或由武事之武而得體育之文，即中乘也。然獨知體育之文、不知武事而成者〔二〕，或專武事、不為體育而成者，即小成也。

校記

〔一〕「無由得成」「萬本」、「澄本」均無「成」字，今據「佑本」補入。

〔二〕「然獨知體育之文、不知武事而成者」「萬本」如此。此句「佑本」作「然獨知體育不入武事而成者」。「澄本」則作「然獨知體育之不如武事而成者」。三者取一，惟有擇善而從也。

太極下乘武事解〔一〕

太極之武事〔二〕，外操柔軟，內含堅剛。而求柔軟之於外〔三〕，久而久之，自得內之堅剛〔四〕。非有心之堅剛，實有心之柔軟也。所難者，內要含蓄堅剛而不外施〔五〕，終柔軟而迎敵〔六〕。以柔軟而應堅剛〔七〕，使堅剛盡化無有矣〔八〕！

其功何以得乎？要非粘黏連隨已成，自得運動知覺，方為懂勁；而後神而明之，化境極矣〔九〕！

夫四兩撥千斤之妙，功不及化境〔十〕，將何以能是所謂懂粘黏連隨〔十一〕，得其視聽輕靈之巧耳〔十二〕！

校記

〔一〕本篇採自「萬本」與「佑本」，二者出入甚微，篇題亦完全相同；而與「沈本」出入較大。前者文字樸拙，而後者似在前者的基礎上經過加工潤改。從「沈本」的其他各篇中，亦能找到這種情況，有的加工增刪之多，遠勝於本篇。本篇在「沈本」的篇題中已被刪去「下乘」二字，其實「下乘」原指淺近之學理或學力，如太極分文武三成解曰：「下乘，即小成也。」說明此處「下乘」二字並非貶義詞。

〔二〕**「太極之武事」**「萬本」脫一「事」字，今據「佑本」補入。「沈本」則作「太極武事」，刪一「之」字。

〔三〕**「而求柔軟之於外」**「沈本」作「常求柔軟之於外」。「佑本」作「而求柔軟柔軟之於外」，衍二字。

〔四〕**「久而久之，自得內之堅剛」**「沈本」作「久之自可得內之堅剛」。

〔五〕**「內要含蓄堅剛而不外施」**「佑本」之末三字作「不施外」，其餘與「萬本」相同。而「沈本」全句作「內要堅剛而不施於外」。

〔六〕**「終柔軟而迎敵」**「沈本」作「終柔軟以迎敵」。

〔七〕**「以柔軟而應堅剛」**「沈本」作「即以柔軟而迎堅剛」。

〔八〕**「盡化無有矣」**「沈本」作「化為烏有耳」。

〔九〕**「其功何以得乎？……化境極矣」**此段共三十四個字，「佑本」、「萬本」完全相同，而「沈本」增益為五十二個字，現照錄如下：「曰：何以致之哉？其要，非粘黏連隨之功已成，由於知覺運動得之後，進為懂勁，懂勁後自可階及神明之化境，最後當可完成而致之矣」。詳則詳矣，恐非原著。

〔十〕「**功不及化境**」「沈本」句前有一「倘」字。

〔十一〕「**是所謂懂粘黏連隨**」「萬本」作「是所謂懂粘連」，脱「黏」、「隨」二字。「佑本」作「是所謂懂粘運」。「沈本」作「是則懂得粘黏連隨」。

〔十二〕「**得其視聽輕靈之巧耳**」「沈本」作「後乃能得其視聽輕靈之功耳」，即增益「後乃能」三字，並改「巧」字為「功」。

卷七　楊譜：清代楊氏傳鈔老譜（三）

太極正功解〔一〕

太極者元也〔二〕，無論內外、上下、左右〔三〕，不離此元也〔四〕。

太極者方也，無論内外、上下、左右，不離此方也。方為開展，元為緊湊。方元之出入，方之進退，隨方就元之往來也〔五〕。方元規矩之至，其孰能出此以外哉〔六〕！如此得心應手，仰高鑽堅，神乎其神，見隱顯微〔七〕，明而且明，生生不已，欲罷不能矣〔八〕！

校記

〔一〕本卷均採自「萬本」。本篇又據「佑本」、「沈本」進行參校。
〔二〕〔元〕此處音義皆同「圓」字。「佑本」亦作「元」，而「沈本」已改作「圓」。
〔三〕〔上下、左右〕「萬本」原作「左右、上下」，今據後文及「佑本」、「沈本」予以訂正。
〔四〕〔不離此元也〕「佑本」作「不離此元元也」，衍一「元」字，當係筆誤。
〔五〕〔隨方就元之往來也〕「沈本」少一「也」字。
〔六〕〔其孰能出此以外哉〕「沈本」脱第一字——「其」。「佑本」誤將「孰」字寫作「就」。

〔七〕「見隱顯微」「沈本」誤作「是隱顯微」。

〔八〕「欲罷不能矣」「佑本」、「沈本」均無末尾的「矣」字。

太極輕重浮沉解〔一〕

雙重為病，干於填實〔二〕，與沉不同也；雙沉不為病，自爾騰虛，與重不一也〔三〕。

雙浮為病，祇如漂渺，與輕不例也；雙輕不為病，天然輕靈〔四〕，與浮不等也。

半輕半重不為病；偏輕偏重為病。半者，半有著落〔五〕也，所以不爲病；偏者，偏無著落也，所以為病。偏無著落，必失方圓；半有著落，豈出方圓？

半浮半沉為病，失於不及也；偏浮偏沉，失於太過也。

半重偏重，滯而不正也；半輕偏輕，靈而不圓也。半沉偏沉，虛而不正也；半浮偏浮，茫而不圓也。夫雙輕不近於浮，則為輕靈；雙沉不近於重，則為離虛，故曰「上手」。輕重半有著落則為「平手」。除此三者之外〔六〕，皆為「病手」。蓋內之虛靈不昧，能致於外之清明〔七〕，流行乎肢體也。若不窮研輕重、浮沉之手，徒勞掘井不及泉之歎耳！然有方圓四正之手，表裏精粗無不到，則已極大成，又何云四隅出方圓矣！所謂方而元、元而方〔八〕，超乎象外，得其寰中之「上手」〔九〕也。

校記

〔一〕本文內着重號為點校者所加。本篇採自「萬本」，並與「佑本」、「澄本」、「沈本」相互參校，發現「萬本」與「佑本」、「澄本」三者出入甚微，惟獨「沈本」明顯地作過全面性的潤改，與本篇相異的竟達三十餘處，以致難於逐一註明。但為讀者研究參考着想，故特將「沈本」的全文別録於後。篇題及内文中，「沉」字一作「沈」，古可通。

〔二〕**「干於填實」**「佑本」、「萬本」、「澄本」皆如此。干，關涉的意思。「沈本」改作「病於填實」，別本亦有作「失於填實」者。實，一作「寔」，異寫。

〔三〕**「與重不一也」**「佑本」作「與重不易也」，訛也。

〔四〕**「天然輕靈」**「萬本」、「佑本」、「澄本」皆作「天然清靈」，此處據「沈本」改，以與後文「則為輕靈」句取得一致。

〔五〕**「著落」**即「着落」，音義均無不同。

〔六〕**「除此三者之外」**「佑本」作「除除此三者之外」，衍一「除」字。

〔七〕**「能致於外之清明」**「佑本」作「能致於外氣之清明」，多一「氣」字。「澄本」作「能治於外之清明」，誤將「致」作「治」，皆訛也。

〔八〕**「所謂方而元、元而方」**請參閱本卷所收太極正功解一文。元，此處音義均與「圓」字相同，而且「佑本」、「澄本」、「沈本」皆已將本句的兩個「元」字改寫作「圓」了。

〔九〕**「上手」**請參閱前面「故曰上手」的一段解説，前後兩相對照研讀，以助理解「上手」的含義。

附録

沈家禎藏本：太極輕重浮沉解（全文）〔一〕

一、雙重為病，病於填實，與沉之不同也。
二、雙沉不為病，自爾騰虚，與重之不一也。
三、雙浮為病，病在漂渺，與輕之不例也。
四、雙輕不為病，天然輕靈，與浮之不等也。
半輕半重不為病，半者，半有着落，所以不為病。偏輕偏重爲病，偏者，偏無着落，所以為病。因無着落，必失方圓；半有着落，豈出方圓〔二〕。

五、半浮半沉為病，失之不及也。
六、偏浮偏沉為病，失之太過也。
七、半重偏重為病，滯而不正也。
八、半輕偏輕為病，靈而不圓也。
九、半沉偏沉為病，虛而不正也。
十、半浮偏浮為病，茫而不圓也。
十一、夫雙輕不近於浮，則為輕靈；雙沉不近於重，則為離虛。故曰上手輕重，半有着落，則為平手〔三〕。除此三者之外，皆為病手，蓋内之虛靈不昧，自然致於外，則清明在躬，流行於肢體間矣。若不窮研輕重浮沉之手，有掘井徒勞不及泉之歎。然方圓四正之手，能表裏精粗無不到者，則已及大成，又何慮有四隅以出方圓乎。亦即所謂「方而圓」，「圓而方」，超乎象外，得其寰中之上手也。

校記

〔一〕本篇録自「顧本」第一七五頁。分段，標點及序號均為該書中所原有的。但序號原為阿拉伯字碼，全書則係採用簡化漢字之横排本。本篇原列在題為「楊澄甫傳鈔太極拳譜」的十四篇文章中的第三篇。譜後有顧氏附註：「此譜係沈家楨從楊澄甫老師處鈔得，共有四十三篇論文，據云由其祖楊露禪傳下，何處得來不知。……茲摘録其中十四篇，作者姓名待考。」但何以既為「楊澄甫傳鈔太極拳譜」，却與楊澄甫著太極拳使用法（文光印務館一九三一年出版）所輯之本篇有這麽大的出入？究竟是沈氏所潤改，抑係他人所為？對此唯有存疑待考了。

〔二〕「半輕半重不爲病，……豈出方圓」此兩段中文字，「沈本」作了些調整，但又漏列序號，附在第四條「雙輕不為病」之後，看來亦屬失誤所致。而全篇標點亦錯了好幾處。

〔三〕「故曰上手輕重，半有着落，則爲平手」此處句讀有誤，「故曰上手」四字應緊接上句，意即「輕靈」、「離虚」兩者，皆為「上手」。而「輕重半有着落」者，則為「平手」。下文所謂「除此三者之外」，其「三者」所指即此。

太極四隅解〔一〕

四正，即四方也〔二〕，所謂掤、攦、擠、按也〔三〕。初不知方能使圓〔四〕。方圓復始之理無已〔五〕，焉能出隅之手矣〔六〕！緣人外之肢體，內之神氣，弗得輕靈方圓四正之功〔七〕，始出輕重浮沉之病，則有隅矣！

譬如〔八〕：半重偏重，滯而不正，自然為採、挒、掛、撬之隅手〔九〕，或雙重填實，亦出隅手也。病多之手，不得已以隅手扶之，而歸圓中方正之手〔十〕；雖然至底者，掛撬亦及此以補，其所以云爾〔十一〕。夫日後功夫能致上乘者〔十二〕，亦須獲採挒而仍歸大中至正矣〔十三〕！是四隅之所用者，因失體而補缺云云〔十四〕。

校記

〔一〕本篇採自「萬本」，經與「佑本」互校，發現其文字出入甚微；又與「沈本」互校，發現兩者出入頗大。這可能是由於「沈本」業經後人作過全面性潤改所致。

〔二〕〔**即四方也**〕「沈本」無「即」字。

〔三〕〔**所謂掤、履、擠、按也**〕「沈本」此句末尾作「是也」，即多一「是」字。

〔四〕〔**初不知方能使圓**〕「萬本」作「出不知方能始圓」，「初」誤作「出」，「使」誤作「始」。今據「佑本」、「沈本」訂正。

〔五〕〔**無已**〕「沈本」作「生生不已」。

〔六〕〔**焉能出隅之手矣**〕「沈本」作「焉有出隅之手哉」。

〔七〕〔**弗得輕靈方圓四正之功**〕「得」字「佑本」、「萬本」均誤抄作「緋」。「輕靈」二字「萬本」作「輕重」，似亦可解。從「得」字的鈔寫之訛可以看出：「佑本」與「萬本」中的楊氏老譜，實是源出一本。此句「沈本」作「甚難得方圓四正之功」。

〔八〕〔譬如〕「佑本」作「辟如」，係古之省寫俗體。「沈本」改作「例如」。

〔九〕〔半重偏重，滯而不正，自然爲採、挒、⿰扌肘、⿰扌靠之隅手〕「沈本」作「半重偏重之滯而不正，自出採、挒、⿰扌肘、⿰扌靠之隅手」。即：前面增一「之」字，後面改「自然為」三字為「自出」兩字，義無不同。「出」指「出手」，不可作「出於」解。

〔十〕〔而歸圓中方正之手〕「沈本」作「使復歸於方正圓中之內」。

〔十一〕〔雖然至底者，⿰扌肘⿰扌靠亦及此以補，其所以云爾〕「沈本」無前五字，其後曰：「採用⿰扌肘⿰扌靠者，亦由此以補其缺爾」。

〔十二〕〔夫日後功夫能致上乘者〕「夫日後」三字，「佑本」、「萬本」皆誤作「春後」二字，今據「沈本」訂正。「致」字，「沈本」作「至」，兩者皆可解。

〔十三〕〔亦須獲採挒而仍歸大中至正矣〕「沈本」作「亦須獲採挒之功，使之仍歸大中至正。」

〔十四〕〔是四隅之所用者，因失體而補缺云云〕「沈本」作「是則四隅之用，乃扶體而補其缺者也。」

太極平準腰頂解〔一〕（五言二十句）

頂如準，故云「頂頭懸」也。兩手即平〔二〕左右之盤也。腰即平之根株也。「立如平準」，所謂輕重浮沉、分釐毫絲，則偏顯然矣〔三〕！

有準頂頭懸，腰之根下株。尾閭至囟門也〔四〕。
上下一條線，全憑兩手轉〔五〕。
變換〔六〕取分毫，尺寸自己辨。
車輪兩命門，一纛摇又轉。
心令氣旗使，自然隨我便。
滿身輕利者，金剛羅漢煉。
對待有往來，是早或是晚。

合則放發出〔七〕，不必凌霄箭。
涵養有多少〔八〕，一氣哈而遠〔九〕。
口授須秘傳，開門見中天。

校記

〔一〕本篇採自「萬本」，經與「佑本」互校，本當無一字之差。但「佑本」「合則放發出」的「出」字，原被誤抄成「云」，是經過後人改正的；「萬本」原作「合則放發出」，而其下却又衍一「云」字。此外，不論「萬本」或「佑本」，均把序、歌和夾註，用同樣大小的字體連寫在一起，既未分段，更無標點。經過分析研究，始證實此篇是五言二十句的歌訣；而其開篇的四十多字，則為小序。

〔二〕「**平**」天平的簡稱，下同。

〔三〕「沈本」的第一段序文，與「萬本」、「佑本」的出入較大，祇得別録如下：

「頂為準頭，故曰『頂頭懸』也；兩手即左右之盤也，腰即根株也；立如平準，有平準在身，則所謂輕重浮沉，分釐絲毫，莫不顯然可辨矣！有平準之頂頭懸（乃是從頭至腰之根株下，胸門至尾閭間為一條綫）歌曰：」

以上為「沈本」之序文，其下的歌訣則始自「上下一條線」句，為五言十八句。

〔四〕〔**尾閭至匈門也**〕匈，胸之本字。此句實係原文中之夾註，「萬本」、「佑本」均抄寫成與正文大小相同的字體，以致後人誤把上面兩句歌訣連同夾註一併當作小序。

〔五〕〔**全憑兩手轉**〕「佑本」、「萬本」皆作「全憑兩平轉」。由于前面小序中有「兩手即平左右之盤也」的說法，似亦可通；然而不如「全憑兩手轉」更易理解，故據「沈本」改之。

〔六〕〔**變換**〕「沈本」作「變化」。

〔七〕〔**合則放發出**〕「沈本」作「合則發放去」。餘見本文註〔一〕。

〔八〕〔**涵養有多少**〕「沈本」作「涵養知多少」。

〔九〕〔**一氣哈而遠**〕「沈本」作「一氣哈而迷」。以「遠」為是。

太極四時五氣解圖（一）

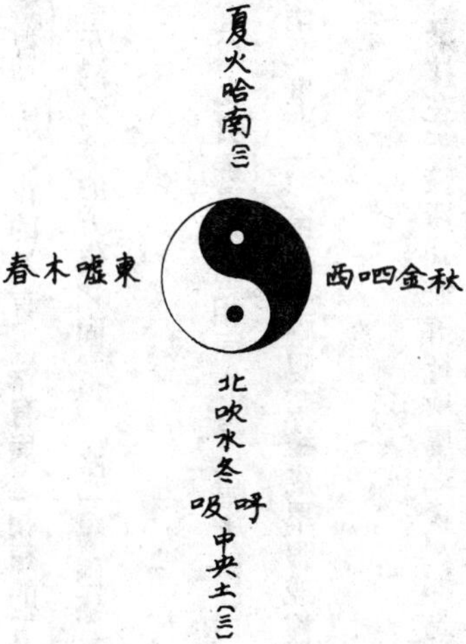
夏火哈南〔三〕
春木噓東
西呬金秋
北吹水冬
呼
吸
中央土〔三〕

校記

〔一〕本篇採自「萬本」，篇題與「佑本」相同，其末尾二字均作「解圖」。其內容當源於中醫著作，如明·傅仁宇著審視瑤函一書的卷首，就有與之相類的五臟所司兼五行所屬的解圖，其中亦繪有太極圖。以上兩者左陽右陰的方位相同，但一陰一陽兩條魚之頭尾的位置恰恰相反。現將這幅太極圖摹繪如左：

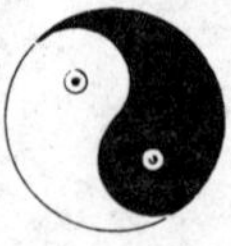

「佑本」眉批亦繪有與上引審視瑤函相同的這一幅太極圖，但未標明「陰陽」二字，而在四方標明「南北東西」。至於把陰陽魚繪成單眼或複眼，那純屬藝術性問題，似無關宏旨。

審視瑤函一書中，緊接在五臟所司兼五行所屬之後，即為動功六字延壽訣，曰：「春噓明目本持肝，夏至呵心火自閑，秋呬定知金肺潤，冬吹惟要坎中安，三焦嘻却除煩熱，四季長呼脾化飡。切忌出聲聞口耳，其功尤甚保神丹。」儘管一為「五氣」，一為「六氣」，但其原理却是一致的，故詳介之，以供研究參考。

〔二〕「夏火哈南」「佑本」「哈」作「呵」，與審視瑶函所記相同。但此二字在吐字音上是可通的。

〔三〕「中央土」「佑本」作「土中央」。這涉及解圖文字的讀法問題，這裏與一般古文按自上而下、自右而左的讀法有所不同，今若按「東南西北中」的次第來讀，則解圖的二十一個字應讀如：「東噓木春，南哈火夏，西呬金秋，北吹水冬，呼吸中央土」。上引東、南、西、北皆是方向在前，五行在後，由是觀之，則「中央土」較「土中央」更為妥切些。

太極血氣根本解〔一〕

血為營，氣為衛。血流行於肉、膜、絡〔二〕，氣流行於骨、筋、脈。筋、甲為骨之餘〔三〕，髮、毛為血之餘。血旺則髮毛盛〔四〕，氣足則筋甲壯。故血氣之勇力，出於骨、皮、毛之外壯〔五〕；氣血之體用，出於肉、筋、甲之內壯。

氣以血之盈虛，血以氣之消長。消長盈虛，周而復始，終身用之不能盡者矣！

校記

〔一〕本篇採自「萬本」，并與「佑本」、「澄本」互校。

〔二〕「絡」各本原文皆作「胳」。胳，一作「肐」，讀如哥，胳膊的「胳」；又讀如格，一作「骼」，骨胳的「胳」。而本篇原文的「胳」字，實為脈絡或經絡的「絡」字之別寫。今據「沈本」太極力氣解一文，改「胳」為「絡」。

〔三〕「筋甲爲骨之餘」本文出現「筋甲」一詞凡三處，「萬本」、「佑本」相同，惟獨「澄本」此三處都衹有一「筋」字，而無「甲」字。

〔四〕「血旺則髮毛盛」「萬本」、「澄本」皆作「血旺則毛髮盛」。此處係據「佑本」，以便與前文中「髮毛為血之餘」取得一致。

〔五〕「出於骨皮毛之外壯」「骨皮毛」三字，「澄本」、「萬本」均作「骨毛皮」。今據「佑本」。

太極力氣解〔一〕

氣走於膜、絡、筋、脈〔二〕，力出於血、肉、皮、骨。故有力者皆外壯於皮骨〔三〕，形也；有氣者是內壯於筋脈〔四〕，象也。氣血功於內壯，血氣功於外壯。要之，明於「氣血」二字之功能，自知力氣之由來矣〔五〕！知氣力之所以然，自能知用力、行氣之分別〔六〕。行氣於筋脈〔七〕，用力於皮骨，大不相侔也。

校記

〔一〕本篇採自「萬本」，並以「佑本」、「沈本」進行參校。

〔二〕［**氣走於膜、絡、筋、脈**］絡字「萬本」、「佑本」均作「胳」，今據「沈本」。詳見本卷所收太極血氣根本解一文之註〔二〕。

〔三〕〔**皆外壯於皮骨**〕「沈本」少一「皆」字，似屬潤改性質。

〔四〕〔**是內壯於筋脈**〕「沈本」少一「是」字，似屬潤改性質。

〔五〕〔**明於氣血二字之功能，自知力氣之由來矣**〕「沈本」作「明於氣血二字之功，能自知力氣之由來」，除前面句讀有別外，末尾又少一「矣」字。「萬本」把「自知」二字誤鈔成「知知」，今據「佑本」改。

〔六〕〔**知氣力之所以然，自能知用力、行氣之分別**〕「萬本」、「佑本」均脱漏第二個「知」字。「沈本」全句作「知力氣之所以然，自知用力行氣之各異」。即：（一）「氣力」改作「力氣」；（二）「自能知」作「自知」；（三）「分別」作「各異」。

〔七〕〔**行氣於筋脈**〕「沈本」此句冠以「蓋」字。

太極尺寸分毫解〔一〕

功夫先煉開展，後煉緊湊。開展成而得之，纔講緊湊；緊湊得成〔二〕，纔講尺、寸、分、毫。

由尺住之功成〔三〕，而後能寸住、分住、毫住〔四〕。此所謂尺寸分毫之理也明矣！

然尺必十寸，寸必十分，分必十毫，其數在焉！故云〔五〕：對待者，數也。知其數，則能得尺寸分毫也〔六〕。要知其數，必秘授，而能量之者哉〔七〕！

校記

〔一〕本篇採自「萬本」，並以「佑本」、「澄本」和「沈本」進行參校。

〔二〕〔**緊凑得成**〕「沈本」改作「緊凑成功後」。

〔三〕〔**由尺住之功成**〕「澄本」作「由尺進之功成」，即改「尺住」為「尺進」。「沈本」作「蓋尺位之功成」，即改「尺住」為「尺位」，同時，改「由」為「蓋」。住，拿住的意思。後人不明其義，擅自刪改，因之產生「尺進」、「尺位」等不同的説法。雖然此三者皆可解，但涵義以「尺住」較為深邃。

〔四〕「**而後能寸住、分住、毫住**」〔澄本〕「住」均作「進」，其餘相同。「沈本」則作「而後能以寸位分，寸位功成後以分位分；分位功成後，以毫位分」。這段話雖較通俗，却如同譯釋，顯然已非原文矣！

〔五〕「**故云**」「沈本」誤寫成「古云」。

〔六〕「**則能得尺寸分毫也**」「沈本」句末脱一「也」字。

〔七〕「**要知其數，必秘授，而能量之者哉**」「佑本」「必」字作「非」。「沈本」全句作「然而雖知其數，苟非秘傳，又安能量之哉。」「澄本」作「要知其數，必秘授而能量之。」脱「者哉」二字；而其下尚有「分毫内即有點穴功也」九個字，或係後人所加之註文，被混同正文所致。返觀全篇，「萬本」與「佑本」，僅此處「必」與「非」的一字之差。

太極膜脈筋穴解〔一〕

節膜、拿脈、抓筋、閉穴，此四功由尺、寸、分、毫得之後而求之。

膜若節之，血不周流。脈若拿之，氣難行走。筋若抓之，身無主地。穴若閉之，神昏氣暗。

抓膜〔二〕節之半死，中脈拿之似亡，單筋抓之勁斷，死穴閉之無生。總之，氣血精神若無，身何有主也？如能節、拿、抓、閉之功，非得點傳不可〔三〕。

校記

〔一〕本篇用「萬本」與「佑本」互校，發現「萬本」抄寫中錯了二字（見註〔二〕、〔三〕），餘皆相同。

〔二〕〔**抓膜**〕「萬本」誤抄作「抓摸」，今據「佑本」訂正。

〔三〕〔**非得點傳不可**〕「萬本」誤將「點傳」二字寫成「默傳」，今據「佑本」訂正。

太極字字解〔一〕

挫、揉、捶、打於己人〔二〕，按、摩、推、拿於己人，開、合、升、降於己人，此十二字皆用手也。

屈、伸、動、靜於己人，起、落、急、緩於己人，閃、還、撩、了於己人，此十二字於己氣也，於人手也。

轉、換、進、退於己身人步也，顧、盼、前、後於己目人手也〔三〕，即瞻前眇後、左顧右盼也，此八字關乎神矣！

斷、接、俯、仰，此四字關乎意、勁也。斷接〔四〕關乎神氣也，俯仰關乎手足也。

勁斷意不斷，意斷神可接。勁、意、神俱斷，則俯仰矣！手足無著落耳！

俯為一叩，仰為一反而已矣！不使叩反，非斷而復接不可。對待之字，以俯仰為重。時刻在心，身、手、足不使斷之無接，則不能俯仰也〔五〕！

求其斷接之能，非見隱顯微不可。隱微似斷而未斷，見顯似接而未接。接接斷斷，斷斷接接，其意心、身體、神氣極於隱顯，又何慮不粘黏連隨〔六〕哉！

校記

〔一〕本篇用「萬本」與「佑本」互校。

〔二〕「**挫揉捶打於己人**」「佑本」「揉」字誤寫成「柔」，「於己人」則作「於己於人」，但後文却與「萬本」此處的寫法相同。本篇內雙行小字實非夾註，而屬古籍中省寫的一種形式。有的太極拳理論研究者，將本文內小字誤以為是夾註而刪除之，謬矣！

〔三〕「**於己目人手也**」「佑本」作「於己目也人手也」。

〔四〕「**斷接**」「佑本」脱漏一「斷」字。

〔五〕「**身手足不使斷之無接，則不能俯仰也**」此句據「佑本」。惟「不能」二字若作「不致」，就較通順。而「萬本」作「身手足不可使之斷之無接，則有俯仰矣」！疑「萬本」的末五字脱一「否」字，即「否則有俯仰矣！」如是亦較通順。

〔六〕「**粘黏連隨**」「萬本」作「粘連黏隨」，今據「佑本」。以便與楊氏老譜粘黏連隨一文取得一致（粘黏連隨一文請參閱本書卷五）。

太極節拿抓閉尺寸分毫解〔一〕

對待之功，既得〔二〕尺寸分毫於手，則可量之矣。然不論節拿抓閉之手易，若節膜、拿脈、抓筋、閉穴，則難！非自尺寸分毫量之不可得也。節，不量，由按而得膜〔三〕；

拿，不量，由摩而得脈；
抓，不量，由推而得筋〔四〕；
拿閉〔五〕，非量而不能得穴。由尺盈而縮之寸、分、毫也。
此四者，雖有高授，然非自己功夫久者，無能貫通焉！

校記

〔一〕本篇用「萬本」與「佑本」互校。「萬本」和「佑本」的篇題在內文均寫作太極節拿抓閉尺寸分毫辨，而在目錄上，這一篇題的末尾一個字，「萬本」和「佑本」却又一致地寫作「解」字，而不是「辨」字。今從目錄訂正這一內文的篇題，使之與有關各篇取得一致。

〔二〕「**既得**」「萬本」脱一「得」字，今據「佑本」補正。

〔三〕「**由按而得膜**」「萬本」作「由節而得膜」。今據「佑本」。此處以「按」為是。

〔四〕「**由推而得筋**」「佑本」脱一「筋」字。

〔五〕「**拿閉**」「萬本」、「佑本」皆如此。仔細分析，這裏的「拿」字恐非衍字。此處故作「拿閉」二字，似含有「由拿而得穴」的意思，但這又是非量不可的。通觀此四句話，説明節膜、拿脈、抓筋、閉穴等四者，是通過按、摩、推、拿四類手法去實現的，對其前三者功深之人方可不量尺寸分毫，惟獨閉穴，則是「非量而不能得穴」的。

太極補瀉氣力解〔一〕

補瀉氣力於自己難，補瀉氣力於人亦難。補自己者，知覺功虧則補，運動功過則瀉，所以，求諸己不易也。補於人者，氣過則補之，力過則瀉之，此勝彼敗，所由然也。

氣過或瀉，力過或補，其理雖亦然，其有詳夫〔二〕過補為之過上加過，過瀉〔三〕為之緩他不及，他必更過，仍加過也。

補氣瀉力於人之法，均為加過於人矣。補氣名曰「結氣法」。瀉力名曰

「空力法」。

校記

〔一〕本篇用「萬本」與「佑本」互校。「佑本」目録中誤將此篇篇題寫成太極補助氣力解，但內文的篇題無誤。

〔二〕「**其理雖亦然，其有詳夫……**」「佑本」作「其理雖一，然其有詳夫……」，雖有一字之差，但其內容依然是相同的。

〔三〕「**過瀉**」「佑本」作「遇瀉」。因字形相近而發生的筆誤。

卷八　楊譜：清代楊氏傳鈔老譜（四）

太極空結挫揉論〔一〕

有挫空、挫結，有揉空、揉結〔二〕之辨。挫空者，則力隅矣！挫結者，則氣斷矣！揉空者，則力分矣！揉結者，則氣隅〔三〕矣！

若結揉挫〔四〕則氣力反，空揉挫則氣力敗〔五〕。結挫揉則力勝於氣〔六〕，力在氣上矣！空挫揉〔七〕則氣盛於力，氣過、力不及矣！挫結揉、揉結挫皆氣閉於力矣！挫空揉、揉空挫皆力鑿於氣矣！

總之，挫結、揉空之法，亦必由尺寸分毫量，能如是也！不然，無地〔八〕之挫揉，平虛之靈結，亦由何而致於哉！

校記

〔一〕本卷前五篇原載於楊氏老譜。本篇採自「萬本」，並與「佑本」相互參校。

〔二〕「揉結」「佑本」作「柔結」。

〔三〕「氣隅」「萬本」誤作「力偶」。

〔四〕「若結揉挫」「佑本」作「若結柔挫」。把「揉」字寫作「柔」，當係筆誤。

〔五〕「氣力敗」「佑本」作「力氣敗」。

〔六〕〔**結挫揉則力勝於氣**〕「佑本」作「結揉挫則氣力盛於氣，但據影印的「佑本」辨析，發現其多出的第一個「氣」字明顯地係後人所補入的；而其「結揉挫」三字，亦是後人用改正符號從原文「結挫揉」勾改而成的。

〔七〕〔**空挫揉**〕「佑本」如此。「萬本」作「空揉挫」。而本篇第二段所闡釋的八種情況為：結揉挫，空揉挫；結挫揉，空挫揉；挫結揉，揉結挫；挫空揉，揉空挫。因此，說明「萬本」此句抄寫有誤，今據「佑本」訂正。而「佑本」則把上句勾改成「結揉挫」，那也是改錯了的（見本文校記〔六〕）。

〔八〕〔**無地**〕此二字「佑本」已因漫漶而全部殘去。今據「萬本」，足以補「佑本」之缺。

懂勁先後論〔一〕

夫未懂勁之先，長出〔二〕頂、匾、丢、抗之病；既懂勁之後，恐出斷、接、俯、仰之病〔三〕。然未懂勁，故然病出；勁既懂，何以出病乎〔四〕？緣〔五〕勁似懂未懂之際，正在兩可，斷接無準矣〔六〕，故出病；神明及猶不及，俯仰無著矣，亦出病〔七〕。若不出斷接俯仰之病〔八〕，非真懂勁，不能不出也〔九〕！

胡為「真懂」？因視聽無由未得其確也〔十〕，知瞻眇顧盼之視覺〔十一〕，起落緩急之聽知，閃還撩了〔十二〕之運覺，轉換進退之動知〔十三〕，則為真懂勁〔十四〕！則能接及神明；及神明，自攸往有由矣！有由者，由於懂勁〔十五〕，自得屈伸動靜之妙〔十六〕；有屈伸動靜之妙〔十七〕，開合升降又有由矣〔十八〕！由屈伸動靜，見入則開，遇出則合；看來則降〔十九〕，就去則升。夫而後纔為真及神明矣〔二十〕！

明也，豈可日後不慎行坐臥走、飲食溺溷之功〔二十一〕？是所謂及中成、大成也哉〔二十二〕！

校記

〔一〕本篇採自「萬本」，並與「佑本」、「沈本」相互參校。「沈本」篇題作「太極懂勁先後論」，增益「太極」二字，內文亦作了明顯的潤改。

〔二〕〔**長出**〕「沈本」作「常出」。長，「老是」的意思，此處與「常」字音義皆通。

〔三〕〔**恐出斷接俯仰之病**〕「萬本」恐字下脫一「出」字。而「沈本」全句作「又恐出俯仰斷續之病」，即增一「又」字，以及改「斷接俯仰」為「俯仰斷續」。

〔四〕〔**然未懂勁，故然病出，勁既懂，何以出病乎**〕故然，即固然。「萬本」、「佑本」在「故然」二字下作「病亦出」。「沈本」全句作「既未懂勁，固然出病手；既已懂勁，何以又出病手？」這句話的意思與「萬本」、「佑本」是相同的，但文字似係重新組織，且近乎今譯，可見其已非原貌矣！

〔五〕〔**緣**〕「萬本」無此字，今據「佑本」補入。而「沈本」作「蓋」字。

〔六〕〔**斷接無準矣**〕「沈本」無末尾的「矣」字。

〔七〕「神明及猶不及，俯仰無著矣，亦出病」「沈本」作「神明尚猶不及，俯仰無著落，亦易出病。」

〔八〕「若不出斷接俯仰之病」「沈本」刪去「之病」二字。

〔九〕「不能不出也」「佑本」作「弗能不出也」。而「沈本」作「不能不出此病也」。

〔十〕「胡爲真懂？因視聽無由未得其確也」「萬本」第一字作「故」，今據「佑本」。由「胡為真懂」至「則為真懂勁」，構成一問一答。「因視聽無由……」句祇是答問的起首，並非結論。而「沈本」全句作「故未真懂者，乃由視聽無由，未得其確耳！」

〔十一〕「知瞻眇顧盼之視覺」「佑本」顧字誤抄作「顔」。「沈本」句首增一「如」字，讀來較通順。

〔十二〕「閃還撩了」「萬本」誤抄作「閃運撩了」。今據「佑本」、「沈本」訂正。

〔十三〕「動知」「佑本」、「萬本」皆脱一「知」字，今據「沈本」補正。

〔十四〕「則爲真懂勁」則字，「沈本」作「是」。

〔十五〕「則能接及神明；及神明，自攸往有由矣！有由者，由於懂勁」「萬本」脱漏此二十二字。「沈本」此處亦祇有「懂勁後自可階及神明」九個字。

〔十六〕〔**自得屈伸動靜之妙**〕「沈本」作「自得屈伸進退之妙」。

〔十七〕〔**有屈伸動靜之妙**〕「萬本」無句末的「之妙」二字。「沈本」則作「如此屈伸動靜」。

〔十八〕〔**又有由矣**〕「沈本」作「自有由矣」。

〔十九〕〔**看來則降**〕「沈本」作「觀來則降」。「佑本」作「看來則詳」，詳字顯係筆誤。

〔二十〕〔**夫而後纔爲真及神明矣**〕此句中「為」字，「沈本」作「能」。句尾「矣」字，「佑本」作「也」。

〔二十一〕〔**明也，豈可日後不慎行坐卧走、飲食溺溷之功**〕「沈本」作「明乎此，日後豈可不慎行（坐卧走站）（飲食溺溷）之功，以協進其效」。溷，「佑本」、「萬本」原寫作「溷」，似為俗寫的異體。溺溷指大小便。溺同「尿」，讀如鳥（去聲）；溷音混，污穢，也可作厠所解。

〔二十二〕〔**是所謂及中成、大成也哉**〕「所謂」二字，「佑本」作「所為」。「沈本」全句作「是則可謂將及中成大成也哉」。

尺寸分毫在懂勁後論〔一〕

在懂勁先，求尺寸分毫為之小成，不過末技〔二〕武事而已！所謂能尺於人者，非先懂勁也。如懂勁後神而明之，自然能量尺寸。尺寸能量，纔能節、拿、抓、閉矣！

知膜、脈、筋、穴之理，要必明存亡之手；知存亡之手，要必明生死之穴。其穴之數，安可不知乎？知生死之穴數，烏可不明閉而不生乎？烏可不明閉而無生乎〔三〕？是所謂二字之存亡，一閉之而已盡矣！

校記

〔一〕本篇採自「萬本」，經與「佑本」互校，除「萬本」抄錯一「末」字外，餘皆相同。

〔二〕「末技」「萬本」誤抄作「未技」。

〔三〕「烏可不明閉而不生乎？烏可不明閉而無生乎？」此兩句中「不生」、「無生」的含義相同，「不生」即「亡」，「無生」亦亡，則何謂「知生死」、「明存亡」呢？故疑「不生」為「不死」之誤，如是始與「無生」對立，產生「存亡」二字。意即閉穴可生可死，要在明乎其理而已矣！

烏，疑問詞，相當於現代漢語的「何」、「哪」。

口授穴之存亡論〔一〕

穴有存亡之穴，要非口授不可，何也？一因其難學，二因其關乎存亡，三因其人纔能傳。

第一、不授〔二〕不忠不孝之人；

第二、不傳〔三〕根底不好之人；
第三、不授心術不正之人；
第四、不傳鹵莽〔四〕滅裂之人；
第五、不授目中無人之人；
第六、不傳無禮無恩〔五〕之人；
第七、不授反復無常〔六〕之人；
第八、不傳得易失易之人。

此須知八不傳，匪人更不待言矣！如其可以傳〔七〕，再口授之秘訣。傳忠孝知恩者，心氣和平者，守道不失者，真以為師者，始終如一者。此五者，果其有始有終、不變如一，方可將全體大用之功授之於徒也。明矣，於前於後，代代相繼，皆如是之所傳也。噫，抑亦知武事中烏有匪人哉！

校記

〔一〕本篇採自「萬本」，並與「佑本」相互參校。本篇篇題與內文似乎不甚貼切，因此，前輩太極拳家往往稱本篇為「八不傳、五可授」，並對拳技中有關乎存亡者，悉依此例，以杜絕妄傳現象。

〔二〕〔**不授**〕「佑本」第一、三、七作「不授」，其第五作「不傳授」。而「萬本」第一、二、三、四、五作「不授」。今依「佑本」，惟第五據「萬本」，即以第一、三、五、七為「不授」。

〔三〕〔**不傳**〕「佑本」第二、四、六、八作「不傳」，而「萬本」第六、七作「不傳」。今據「佑本」。

〔四〕〔**鹵莽**〕即魯莽。做事冒失、輕率。

〔五〕〔**無禮無恩**〕「佑本」作「知禮無恩」。

〔六〕〔**反復無常**〕反復，即反覆。「佑本」作「反復無長」。

〔七〕〔**如其可以傳**〕「萬本」脱一「如」字。今據「佑本」補入。

太極指掌捶手解〔一〕

自指下至腕上，裏者為「掌」；五指之首為之「手」；五指皆為「指」；五指權裏〔二〕，其背為「捶」。

如其用者，按、推，掌也；拿、揉、抓、閉，俱用指也；挫、摩，手也；打，捶也。

夫捶有「搬攔」，有「指襠」〔三〕，有「肘底」，有「撇身」，四捶之外有「覆捶」。掌有「摟膝」，有「換轉」，有「單鞭」，有「通背」，四掌之外有「串掌」。手有「雲手」，有「提手」，有「合手」〔四〕，有「十字手」，四手之外有「反手」。指有「屈指」，有「伸指」，有「揑指」，有「閉指」〔五〕，四指之外有「量指」，又名「尺寸指」，又名「覓穴指」。

然指有五指，有五指之用。首指為手，仍為指，故又名「手指」。其一用之為「旋指」、「旋手」；其二、用之為「根指」、「根手」；其三、用之為「弓指」、「弓手」；其四、用之為「中合指」、「中合手」〔六〕；四手指之外，為「獨指」、「獨手」也。食指為「卞指」，為「劍指」，為「佐指」，為「粘指」。中正為「心指」，為「合指」，為「鈎指」，為「抹指」。無名指為「全指」，為「環指」，為「代指」，為「扣指」。小指為「幫指」，為「補指」，為「媚指」，為「掛指」〔七〕。若此之名，知之易而用之難，得口訣秘方〔八〕亦不易為也。

其次，有「如對掌」〔九〕、「推山掌」、「射雁掌」、「晾翅掌」；「似閉指」、「拗步指」、「彎弓指」、「穿梭指」；「探馬手」、「彎弓手」、「抱虎手」、「玉女手」、「跨虎手」；「通山捶」、「葉下捶」、「背反捶」、「勢分捶」、「捲挫捶」。

再其次，步隨身換，不出五行，則無失錯矣！因其粘、黏、連、隨〔十〕之理，捨己從人，身隨步自換。祇要無五行之舛錯，身形脚勢出於自然，又何慮些須之病也！

校記

〔一〕本篇採自「萬本」，並與「佑本」作了互校。

〔二〕〔**權裹**〕此處「權」同「卷」，權裹，即卷曲向裏的意思。

〔三〕〔**指襠**〕「萬本」作「指擋」。今據「佑本」。

〔四〕〔**合手**〕「萬本」、「佑本」均作「拿」，當為「合手」二字之誤。「佑本」在「拿」字之前還脱漏一「有」字，全句易讀成「手有雲手，有提手，拿有十字手，四手之外有反手。」這樣就錯上加錯了。

〔五〕〔**有伸指，有捏指，有閉指**〕「佑本」作「有伸指捏指閉指」，脱兩個「有」字。「萬本」作「有伸指有捏指閉指」，脱一個「有」字。今據上面有關捶、掌、手等句對照補正。

〔六〕〔**中合指、中合手**〕「佑本」作「中合手指」，而「萬本」僅存「中合指」三字。今據上面有關原文的寫法推斷，應為「中合指、中合手」，兹特據以補正。

〔七〕〔**爲幫指，爲補指，爲媚指，爲掛指**〕此句應有四個「為」字，「萬本」少後面兩個，而「佑本」僅存第一個。因與前文句法不合，故予補正。

〔八〕〔**秘方**〕「佑本」作「秘法」。

〔九〕〔**如對掌**〕「萬本」作「對掌」。今據「佑本」。

〔十〕〔**粘黏連隨**〕「佑本」作「粘連黏隨」。兩者原屬兩可。惟查考楊氏老譜，如本書卷五的粘黏連隨、卷七的太極字字解等篇，都是統一使用「粘黏連隨」這一次序的。後人因見王宗岳打手歌有「粘連黏隨不丟頂」句，以致往往有據以更改「楊譜」的原文，似欠妥，以不改為是。

大小太極解〔一〕

天地為一大太極，人身為一小太極。人身為太極之體，不可不練太極之拳。本有之靈而重修之，良有以也。

人身如機器，久不磨而生銹，生銹而氣血滯，多生流弊。故人欲鍛煉身體者，必先練太極最相宜。

太極練法，以心行氣，不用濁力，純任自然。筋骨鮮折曲之苦，皮膚無磋磨之勞。不用力何能有力？蓋太極練功，沉肩墜肘，氣沉丹田。氣能入丹田，為氣總機關〔二〕，由此分運四體百骸，以氣周流全身，意到氣至。練到此地位，其力不可限量矣！

此不用濁力，純以神行，功效著矣！先師云：「極柔軟，然後極堅剛」，蓋此意也！

校記

〔一〕本篇見於「澄本」第七十六頁。未署何人所作。從語詞分析，當為晚近著作，有可能係楊澄甫口述，並由其門人筆録、整理成篇。

〔二〕「**氣能入丹田，爲氣總機關**」此句似脱漏「丹田」二字，應為「氣能入丹田，丹田為氣總機關」。否則讀不順暢。

太極刀訣（七言十五句）〔一〕

七星跨虎交刀勢，
騰挪閃展意氣揚，
左顧右盼兩分張，
白鶴展翅五行掌；
風捲荷花葉内藏，
玉女穿梭八方勢，
三星開合自主張，
二起脚來打虎勢；
披身斜掛鴛鴦脚，

順水推舟鞭作篙，
下勢三合自由招，
左右分水龍門跳，
卞和携石鳳回巢〔二〕。
吾師留下四刀讚〔三〕，
口傳心授不妄教。

校記

〔一〕本篇採自「萬本」，原有篇題為太極刀名稱歌，共七言十五句。本篇亦見於「鍾本」，其篇題作太極刀訣，但內文無最後兩句，僅十三句；這十三句文字與本篇相同。

考「炎本」卷八太極刀也有歌訣，計七言十六句，文中雖稱所記述乃為「昔日楊家太極拳術中著名器械之一」、「太極刀正宗」，但與本訣出入較大，現特輯録「炎本」的這首太極刀歌訣於後，以供研究參考：

「七星跨虎意氣揚，白鶴凉翅暗腿藏。
風捲荷花隱葉底，推窗望月偏身長。
左顧右盼兩分張，玉女穿梭應八方。
獅子盤球向前滾，開山巨蟒轉身行。
左右高低蝶戀花，轉身捛撩如風車。
二起腿來打虎勢，鴛鴦腿發半身斜。
順水推舟鞭作篙，翻身分手龍門跳。
力劈華山抱刀勢，卞和携石鳳回巢。」

以上兩首歌訣，其中文字完全相同的僅有「左顧右盼兩分張」、「順水推舟鞭作篙」和「卞和携石鳳回巢」三句。兩者大同小異的句子雖多，但實際內容差異很大。「炎本」歌訣中「捛」字讀如吕，係術語字，即拉刀也。

此外，還有一些內容與上述不相同的「太極十三刀」，如由按刀、青龍出水、風捲殘花、白雲蓋頂、背刀、迎風滾避、震脚提刀、撥雲望月、劈刀、霸王舉鼎、朝天一柱香、拖刀敗勢、手揮琵琶這十三式組成的太極刀套路，便是一例（其中「迎風滾避」一作「迎墳鬼迷」，「撥雲望月」一作「撥雲望日」。詳見本書卷二十三勢架・十三刀。）

〔二〕「**鳳回巢**」「鍾本」作「鳳還巢」。

〔三〕「**四刀讚**」詳見後文。

四刀讚〔一〕

斫剁

剗〔二〕

截割

撩腕

校記

〔一〕本篇採自「萬本」，並見於上海永年太極拳社早年印贈的太極拳、劍、刀、槍譜中。兩者內文相同，後者題名作四刀用法。而十三勢架・四刀內容為：「裏剪腕，外剪腕，剉腕，撩腕。」與本篇文字相同的僅「撩腕」一法。不過，這兩者的「剪」與「剁」、「剉」與「截」的實際方法，却是相同或相似的。這可用「鍾本」的刀法應用譜加以佐證。刀法應用譜：「一、劈肩，二、裏剁腕，三、扎腹，四、外截腕，五、刺腰，六、外剁腕，七、割喉，八、上截腕，九、砍腿，十、下截腕。」這十法正是「四刀」的具體應用。同時，又可把它重新歸納為：「劈、剁、扎、截、刺、割、砍」等法。說明上述這些太極刀法，是同出一源的。「讚」，原本是一種稱頌人物的文體，這裏用作篇題，實際上既借作「訣」字使用，又有稱美四刀之意。訣，有「歌訣」、「字訣」等，本篇屬「字訣」。

〔二〕「剉」又作「剒」。都是「銼」字的異體字，故音義皆同。

太極槍法〔一〕

平刺心窩，
下刺脚面，
斜刺膀尖，
上刺咽喉；
平刺心窩，
斜刺膀尖，
下刺脚面，
上刺咽喉〔二〕。

一、挒，

二、擲，

三、捌，

四、劈，

五、纏。

校記

〔一〕本篇為「太極槍十三法」，見於上海永年太極拳社太極拳、劍、刀、槍譜者，其題名作太極槍。

清・李亦畬藏本十三勢架中的「四槍」（與四桿相同），與本篇的第五至第八句也是相同的。而其餘各句則是在此基礎上依「十三法」的數式發展創編而成的。因此，亦屬同出一源或一脈相承的。

〔二〕［咽喉］十三勢架・四槍作「鎖項」。鎖項，即咽喉部之俗名也。

十不傳〔一〕

一不傳外教〔二〕，
二不傳不知師弟之道者，
三不傳無德，
四不傳收不住的，
五不傳半途而廢的，
六不傳得寶忘師的，
七不傳無納履之心者，
八不傳好怒好慍者〔三〕，
九不傳外欲〔四〕太多者，

十不傳匪事〔五〕多端者。

校記

〔一〕本篇採自「萬本」，原列「宋譜」之後，未署誰作。目錄中的篇題作「十不傳」，而內文的篇題卻作「此書十不傳」。因這篇可與主張「八不傳」的口授穴之存亡論一併研究，故特收入本卷。

〔二〕「一不傳外教」從這第一條分析，似可推斷：此篇可能是晚清或民初所撰，是晚近作品。

〔三〕「好愠者」原文作「好温者」，顯係筆誤所致，故予訂正。

〔四〕「外欲」欲同「慾」。

〔五〕「匪事」即「非事」，惹是生非、行為不正之事。此處「匪」字不作盜寇解。口授穴之存亡論一文中，亦有「匪人更不待言矣」等語，其中「匪」字的含義，與本文同。

卷九　牛譜：牛連元轉授之楊氏九訣

全體大用訣（一）（七言五十四句）

大極拳法妙無窮，掤握擠按雀尾生。

斜走單鞭胸膛佔，回身提手把着封。
海底撈月亮翅變，挑打軟肋不容情。
摟膝拗步斜中找，手揮琵琶穿化精。
貼身靠近橫肘上，護中反打又稱雄。
進步搬攔肋下使，如封似閉護正中。
十字手法變不盡，抱虎歸山採挒成。
肘底看錘護中手，退行三把倒轉肱。
墜身退走扳挽勁，斜飛着法用不空。
海底針要躬身就，扇通臂上托架功。
撇身錘打閃化式，橫身前進着法成。
腕中反有閉拿法，雲手三進臂上攻。
高探馬上攔手刺，左右分脚手要封。
轉身蹬脚腹上佔，進步栽錘迎面衝。

翻身白蛇吐信變，採住敵手取雙瞳。
右蹬脚上軟肋踹，左右披身伏虎精。
上打正胸肋下用，雙風貫耳着法靈。
左蹬脚踢右蹬式，回身蹬脚膝骨迎。
野馬分鬃攻腋下，玉女穿梭四角封。
摇化單臂托手上，左右用法一般同。
單鞭下勢順鋒入，金鷄獨立佔上風。
提膝上打致命處，下傷二足難留情。
十字腿法軟骨斷，指襠錘下靠為鋒。
上步七星架手式，退步跨虎閃正中。
轉身擺蓮護腿進，彎弓射虎挑打胸。
如封似閉顧盼定，太極合手勢完成。

全體大用意為主，體松氣固神要凝。

校記

〔一〕本卷採自「俠本」，其前九篇合稱為九訣。據吳孟俠寫於一九五七年十二月的該書前言中說：「作者愛好武術，尤喜太極、形意、八卦等拳。三十年前（點校者按：即一九二七年），從牛師連元學習太極拳。牛師係太極拳名家楊班侯的高足，得楊氏秘傳太極拳九訣。牛師把這九個訣轉授給我，珍藏多年，不肯輕易告人。」因之，該書篇後的內容提要也說：九訣「原為太極拳名家楊班侯所留傳，多年來秘而不宣，現由作者吳孟俠先生把它公開出來並加以註解，可供研究太極拳技擊方法的參考。」

此外，該書太極拳之要訣一章，尚有五篇拳訣，文字簡潔淺近，但未說明原作者或傳授者姓名，今一併採入以供研究參考。這後五訣有可能是吳孟俠所撰，而前九訣是否為楊班侯所留傳，有待確考。

十三字行功訣〔二〕（七言十六句）

一、十三字〔一〕

掤，攌，擠，按，採，挒，肘，靠；進，退，顧，盼，定。

二、口訣（七言十六句）

掤手兩臂要圓撑，動静虚實任意攻。
搭手攌開擠掌使，敵欲還着勢難逞。
按手用着似傾倒，二把採住不放鬆。
來勢兇猛挒手用，肘靠隨時任意行。
進退反側應機走，何怕敵人藝業精。

遇敵上前迫近打，顧住三前盼七星。
敵人逼近來打我，閃開正中定橫中。
太極十三字中法，精意揣摩妙更生。

校記

〔一〕「俠本」之前言稱：「一九四〇年在昆明，經金一明先生介紹與同道吳志青先生相識時，一談傾心，曾告訴他三個訣，即十三字行功訣、八字法訣和虛實訣，後於一九四三年刊入其再版的太極拳正宗一書中。志青先生在這本書中稱讚這些訣說：『一字有一字之用，一句有一句之法，字字珠璣，句句錦繡。』」以上說明，九訣的三分之一，已於一九四〇年公開告人，並於一九四三年輯入吳志青著作中公開出版，而並非始自一九五七年或一九五八年。詳請參閱「志本」。

〔二〕「十三字」所指即「八門」與「五步」，合而稱之為「十三法」或「十三勢」。故「十三字」亦即「十三法」或「十三勢」的另一種説法。

十三字用功訣（七言十六句）

逢手遇掤莫入盤，黏粘（一）不離得着難。
閉掤要上採挒法，二把得實急無援。
按定四正隅方變，觸手即佔先上先。
履擠二法趁機使，肘靠攻在脚跟前。
遇機得勢進退走，三前七星顧盼間。
周身實力意中定，聽探順化神氣關。
見實不上得攻手，何日功夫是體全？
操練不按體中用，修到終期藝難精！

校記

〔一〕「黏粘」「俠本」作「粘沾」，這是因該書使用當時已公布的簡化字排印之故。

八字法訣〔一〕（七言八句）

三換二擴一擠按，搭手遇掤莫讓先。
柔裏有剛攻不破，剛中無柔不為堅。
避人攻守要採挒，力在驚彈走螺旋。
逞勢進取貼身肘〔二〕，肩胯膝打靠為先。

校記

〔一〕本篇亦見於「志本」。詳請參閱本卷十三字行功訣一文之校記〔一〕。

〔二〕「逞勢進取 貼身肘」「俠本」第七頁要訣部份如此，而在第二十五頁註解部份却把「進取」二字寫作「進去」。似為筆誤或排印之誤。

虛實訣〔一〕（七言八句）

虛虛實實神會中，虛實實虛手行功。
練拳不諳虛實理，枉費功夫終無成。
虛守實發掌中竅，中實不發藝難精。
虛實自有實虛在〔二〕，實實虛虛攻不空。

校記

〔一〕本篇亦見於「志本」。詳請參閱本卷十三字行功訣一文之校記〔一〕。

〔二〕「虛實自有實虛在」此句見於「俠本」第二十六頁註解部份，意即「虛中有實，實中有虛。」但見於第七頁要訣部份却錯作「虛實自有虛實在」。當為筆誤或排印之誤。

亂環訣〔一〕（七言八句）

亂環術法最難通，上下隨合妙無窮。
陷敵深入亂環內，四兩千斤着法成。
手脚齊進橫竪找，掌中亂環落不空。
欲知環中法何在？發落點對即成功。

校記

〔一〕本篇為「俠本」首先發表的，別本一般均轉引或轉輯自「俠本」。亂環，俗亦名「黏手」，講究隨機應變。從外觀來説，其動作介於太極推手與太極散手之間，通常被看作較高級階段的種推手方法。

陰陽訣〔一〕（七言八句）

太極陰陽少人修，吞吐開闔問剛柔。
正隅收放任君走，動静變化何須愁？
生尅二法隨着用，閃進全在動中求。
輕重虚實怎的是？重里現輕勿稍留。

校記

〔一〕本篇首見於「俠本」，別本一般均轉引或轉輯自「俠本」。

十八在訣〔一〕（四言十八句）

掤在兩臂，攦在掌中〔二〕，
擠在手背，按在腰攻，
採在十指，挒在兩肱，
肘在屈使，靠在肩胸。
進在雲手，退在轉肱，
顧在三前，盼在七星，
定在有隙，中在得橫。
滯在雙重，通在單輕。
虛在當守，實在必衝。

校記

〔一〕本篇首見於「俠本」。

〔二〕「搌在掌中」別一手鈔本作「搌在尺中」。按楊式推手的搌式，主張使用前臂的尺骨，其在後一手通常是不用手掌搌人的。——吳式推手也繼承了這一傳統特點。

五字經訣〔一〕（五言二十句）

披從側方入〔二〕，閃展無全空〔三〕。
擔化對方力，搓磨試其功。
歉含力蓄使，黏粘〔四〕不離宗。
隨進隨退走，拘意莫放鬆。

拿閉敵血脈，扳挽順勢封。
軟非用拙力，掤臂要圓撐。
摟進圓活力，摧堅戳敵鋒。
掩護敵猛入，撮點致命攻。
墜走牽挽勢，繼續勿失空。
擠他虛實現，攤開即成功。

校記

〔一〕本篇雖首見於「俠本」，但與其每句冠頂的第一個字相同並連綴而成的訣文，篇題作二十字訣，却較早地見於「姚本」第十章（詳見本書卷四中太極拳經歌訣之校記〔一〕）。「姚本」是一九三〇年上海武學書局出版的，顯然它是把二十字訣也視同王宗岳的原著之一了。迨至一九四〇年「志本」初版時，也轉輯了經過姚馥春、姜容樵註釋的二十字訣。若將「俠本」的五字經訣與姚、姜註釋的二十字訣合璧對照，令人懷疑的是：這五字經訣仿佛是以姚、姜註釋的二十字訣為素材撰寫而成篇的。若果真如此，則所謂「楊班侯所留傳」的五字經訣豈不成了託名著作？這是有待作進一步考證的。現特録「姚本」二十字訣原文如下：

「披閃擔搓歉，黏隨拘拿扳，軟掤摟摧掩，撮墜續擠攤。」

上引「姚本」末句第三字為「續」字，與「俠本」五字經訣有關句冠頂的「繼」字有出入。其餘是完全一致的。而「俠本」的五字經訣篇首曾用括號註明：

「這是二十個字冠頂之訣，每五字一句」。說明以上兩篇是有聯係的。

〔二〕［披從側方入］「姚本」註釋「披」字，有「太極拳中由側方分進曰『披』」等語。

〔三〕［閃展無全空］「姚本」註釋「閃」字，有「在太極拳中，不頂而側讓，不丟而黏之為『閃』，非全空也」等語。（點校者按：因限於篇幅，以下各句不再摘録「姚本」註釋來相互對照，而留待另文探討。）

〔四〕［黏粘］「俠本」作「粘沾」，這是因該書使用當時已公布的簡化字排印之故。與本卷十三字用功訣一文的第二句情形相同。

六合勁〔一〕

擰裹，

鑽翻，螺旋，崩砟〔二〕，驚彈〔三〕，抖搜〔四〕。

校記

〔一〕本篇為「俠本」五個要訣之一，其餘依次為十三法、五法、八要、全力法。其中本篇及末篇全力法，從詞語分析，似是假借六合形意門的理論，應用和融會到太極拳術中去。吴孟俠自述「愛好武術，尤喜太極、形意、八卦等拳」。由此推斷，這五個要訣有可能是他本人所撰。

〔二〕【崩砟】砟，音炸，碑石。崩砟喻使用靠勁如能崩坍碑石，故名。

〔三〕【驚彈】出其不意和令人吃驚地突然使用彈勁，故名。

〔四〕【抖搜】疑為「抖擻」之別寫，意即如用抖勁振物，故名。

十三法〔一〕

掤攦，擠按，採挒，肘靠，進退，顧盼，定（中）；正隅，虛實，收放，吞吐，剛柔，單雙，重（輕）。

校記

〔一〕本篇是「俠本」的「五訣」之二。其前段是太極拳傳統的十三法，也稱十三勢。而後段實際上是七對矛盾。若把前段的十三法當作六對半或七對矛盾看待，那都是不够貼切的；相對地若把後段當作十三法或六對半矛盾看待，那又是不貼切的。就矛盾而言，後段包括「重輕」在內共有七對；就方法而言，後段成對計算應為七法，若按單個計算則為十四法。這是因為「定」與「定（中）」是一回事情，「定中」即「中定」，並非一對矛盾。它與「重（輕）」構成一對矛盾的情形不同。由是觀之，說明本篇題名與正文之間有不合之處。特予註明，以為研究「五訣」者參考。

五法〔一〕

進法，退法，顧法，盼法，定法。

校記

〔一〕本篇為「俠本」所載「五訣」的第三篇，即太極拳的「五步」。

八要〔一〕（三言八句）

掤要撑，搌要輕，
擠要横，按要攻；
採要實，挒要驚〔二〕，
肘要衝，靠要崩〔三〕。

校記

〔一〕本篇為「俠本」的「五訣」之四。八要，指太極拳八法的要點。本篇言簡意賅，確是要訣。

〔二〕〔挒要驚〕請參閱本卷六合勁一文之校記〔三〕。

〔三〕〔靠要崩〕請參閱本卷六合勁一文之校記〔二〕。

全力法〔一〕（五言八句）

前足奪後足，後足站前踪。
前後成直綫，五行主力攻。
打人如親嘴，手到身要擁。
左右一面站，單臂克雙功。

校記

〔一〕本篇為「俠本」中「五訣」的最後一篇。「五訣」連前面的「九訣」，合計十四篇拳訣，若能結合技擊實踐深入研究，對於提高當前的太極推手技藝水平，是會有一定的幫助的。這也不失為「古為今用」哩！

卷十　宋譜：宋書銘傳鈔太極拳譜

八字歌〔一〕（七言八句）

掤攦擠按世間稀〔二〕，十個藝人十不知〔三〕。

若能輕靈並捷便〔四〕，粘連黏隨俱無疑。
採挒掛擟更出奇，行之不用費心思〔五〕。
果能粘連黏隨〔六〕字，得其環中不支離。

校記

〔一〕本卷所收十篇，除無極歌外，均見於「萬本」之「宋譜」，其原書目錄之題名為宋遠橋述記太極拳。「宋譜」是宋書銘在一九一六年以後才供拳友和門生傳鈔的。宋書銘原是袁世凱幕客，「精易理，善太極拳術」。「宋譜」托名為其遠祖宋遠橋述記，但據考證，書中所記太極拳歷史部份不僅不合史實，而且語多虛妄荒誕；唯有所撰太極拳術歌訣部份，因經過本世紀二十年代以來的多種太極拳專著的廣為傳布，迨至今日，大多數的太極拳愛好者也就把它當作古典理論來看待了。又據前人考證認為：宋書銘的基本拳法（包括太極推手在內），以及「宋譜」的一些拳訣，其理法均與當時在北京流傳的楊氏太極拳相合，而「宋譜」歌訣的辭氣，也不類唐、宋或元、明時代人所作。從而也不難判斷，這是一部托名的著作，極可能是宋書銘本人所撰。

本篇採自「萬本」。八字歌的「八字」，所指即：「掤攦擠按」和「採挒肘靠」這八法。

〔二〕「世間稀」「于本」、「炎本」均作「世界稀」。

〔三〕「十不知」「顧本」作「九不知」。「萬本」、「炎本」、「于本」等均作「十不知」。後人也有建議改為「九不知」者，說明原文當為「十不知」。說「十個藝人十不知」雖有悖於情理，却是合乎「宋譜」的故神其說的。

〔四〕「捷便」「顧本」作「堅硬」。

〔五〕「心思」一作「心機」。

〔六〕「粘連黏隨」「顧本」此處第七句作「粘黏連隨」，而前面第四句作「粘連黏隨」。說明第七句為筆誤或誤排，或擅改所致。

心會論〔一〕（八言六句）

腰脊為第一之主宰，猴頭〔二〕為第二之主宰，地心〔三〕為第三之主宰。

丹田為第一之賓輔，掌指〔四〕為第二之賓輔，足掌為第三之賓輔。

校記

〔一〕本篇採自「萬本」，篇題原作三十七心會論。「顧本」作心會要訣。「于本」、「炎本」作心會論。惟獨「圖本」改題為太極拳主宰賓輔說明。至於「三十七」，則是指宋氏所傳習的由三十七式編成、名為「三世七」的太極拳。據後人考證認為：所謂「三世七」，實是由楊氏太極拳變化而來的。

〔二〕「猴頭」「于本」、「顧本」均作「喉頭」。「于本」註曰：「喉頭——在喉間氣管之上端，上通咽頭，為空氣出入之道。」其實，「猴頭」與「喉頭」是同物異名，乃是男子喉結之俗名，借喻其狀如猢猻頭而已。如周身大用論有「三要猴頭永不拋」之說，拋，拋露，即不要仰頭暴露喉結的意思。以上兩者可相互印證。

〔三〕「地心」「于本」作「心地」，並註曰：「心地——道德之根於心，猶農產物之出於地，故無天資之厚薄曰『心地』。」

〔四〕〔掌指〕「于本」作「指掌」。

周身大用論〔一〕（七言八句）

一要心、性〔二〕與意靜，自然無處不輕靈；
二要遍體氣流行，一定繼續不能停；
三要猴頭〔三〕永不拋，問盡天下衆英豪。
如詢大用緣何得〔四〕？表裏精粗無不到。

校記

〔一〕本篇採自「萬本」，篇題原作三十七周身大用論。「于本」、「炎本」作周身大用論，但「于本」内文無「一要」、「二要」、「三要」與「如詢」這八個字，成為長短句（五七句）歌訣。「午本」

篇題作周身大用歌。

〔二〕「心、性」「萬本」作「性心」，「炎本」作「心性」，「午本」作「心靈」。「心性」或「性心」，原文中均無頓號，而所指似為「心（田）、性（情）、意（識）三者都要靜」的意思。

〔三〕「猴頭」「炎本」作「喉頭」。請參閱本卷所收心會論一文的校記〔二〕。

〔四〕「如詢大用緣何得」「萬本」、「午本」等皆如此。「炎本」作「如詢大功因何得」。如用篇題對照，似以前者為是。

十六關要論〔一〕

蹬之於足〔二〕，行之於腿，

縱之於膝，活潑於腰，

靈通於背，神貫於頂〔三〕，
流行於氣〔四〕，運之於掌，
通之於指；斂之於髓，
達之於神，凝之於耳，
息之於鼻，呼吸往來於口〔五〕，
渾噩於身〔六〕，全體發之於毛。

校記

〔一〕本篇採自通行本，如「于本」、「午本」、「炎本」等所輯，其文字皆與之大同小異。篇題「午本」作十六關要訣，即改「論」為訣；「于本」作十六關論脫一「要」字。「萬本」篇題與本篇相同，但內文出入較大，主要表現在各句的次序上。通行本依次為「足、腿、膝、腰、背、頂、氣、掌、指、髓、神、耳、鼻、口、身、毛」十六關要。而「萬本」依次為「腰、頭、背、氣；

腿、足、掌、指；髓、神、耳、鼻；口、膝、身、毛。」兩者文字上也有出入。茲特將「萬本」的全文附録如下：

活潑於腰，靈機於頭，神通於背，不使氣、流行於氣；行之於腿，蹬之於足，運之於掌，通之於指，斂之於髓，達之於神，凝之於耳，息之於鼻，呼吸來往於口，縱之於膝，渾靈一身，全體發之於毛。

〔二〕〔蹬之於足〕「炎本」作「蹤之於足」。

〔三〕〔靈通於背，神貫於頂〕「萬本」作「靈機於頭，神通於背。」

〔四〕〔流行於氣〕「于本」作「法行於氣」。「萬本」作「不使氣、流行於氣」。

〔五〕〔呼吸往來於口〕「萬本」作「呼吸來往於口」。「炎本」則作「呼吸於肺，往來於口」，這樣增添「於肺」二字，豈不成了「十七關要論」？所以，這肯定是後人所妄加。

〔六〕〔渾噩於身〕「萬本」作「渾靈一身」。「于本」則將本句放在「呼吸往來於口」句之前，並作註曰：「渾噩——後世稱上古為渾噩之世。渾噩於身者，言完全包括於身之意也」。

功用歌〔一〕（七言四句）

輕靈活潑求懂勁，陰陽既濟〔二〕無滯病。
若得四兩撥千斤，開合鼓盪主宰定。

校記

〔一〕本篇採自「萬本」，經與多種刊本互校，大抵是相同的。惟「圖本」把本篇列為打手歌之一。

〔二〕〔陰陽既濟〕「圖本」、「于本」、「炎本」均作「陰陽相濟」。「顧本」則與本篇全文相同。

授秘歌〔一〕（四言八句）

無形無象，忘其有己〔二〕。全體透空〔三〕。内外如一〔四〕。
應物自然〔五〕，隨心所欲。西山懸磬〔六〕。海闊天空。
虎吼猿鳴，煅煉陰精。水清河静〔七〕。心死神活〔八〕。
翻江播海〔九〕，氣血流動〔十〕。盡性立命。神充氣足〔十一〕

校記

〔一〕本篇採自「萬本」，篇題作授秘歌，原文偽託係唐代李道子先師授明代俞蓮舟之秘歌。「萬本」之「宋譜」内，此篇原無註文，夾註係從「于本」録入，並與「炎本」相互校勘。「于本」所輯本篇，其題名已改作太極拳之真義；「炎本」轉輯時，删一「之」字，作太極拳真義。而今一仍其舊。據原文分析，本篇似屬隱語一類，類似的隱語常見於我國釋、道兩教的經典著作中。「宋譜」所撰本篇，除受時代影响之外，恐亦不無故弄玄虛之處。

〔二〕「忘其有己」「于本」作「己身忘之」。今據「炎本」。

〔三〕「全體透空」「炎本」作「全身透空」。

〔四〕「內外如一」「炎本」作「內外為一」。

〔五〕「應物自然」「炎本」作「忘物自然」。

〔六〕「磬」古代打击樂器。一本作「罄」，訛也。

〔七〕「水清河静」「萬本」如此，而「于本」、「炎本」均作「泉清水静」。

〔八〕「心死神活」「于本」作「心沉神活」。

〔九〕「翻江播海」「于本」、「炎本」作「翻江鬧海」。

〔十〕「氣血流動」「炎本」作「元氣流動」。

〔十一〕「神充氣足」「炎本」作「神定氣足」。

用功五誌〔一〕

博學是多功夫〔二〕。審問不是口問，是「聽勁」〔三〕。慎思聽而後留心想念〔四〕。明辨生生不已〔五〕。篤行如天行健〔六〕。

校記

〔一〕本篇採自「萬本」，夾註是原有的。此文實是假借中庸「博學之，審問之，慎思之，明辨之，篤行之」等語，結合套用於太極拳走架與推手功夫的鍛煉實踐方面，並在夾註中作了扼要的說明。

〔二〕「是多功夫」「于本」作「是多用功夫」。「炎本」作「足多功夫」，「足」乃「是」字之筆誤或錯排所致。

〔三〕「不是口問，是聽勁」「聽勁」是太極拳推手術語，即借喻用觸覺感知對方勁的變化，如同用耳朵聽到聲音一樣的清晰。此句「于本」作「不是用口問，是聽勁」。「午本」作「不是口問，是心問」。「炎本」作「非口問，是聽勁」。

〔四〕「聽而後留心想念」「于本」作「時時思念」，「炎本」作「時時想念」。「午本」此句與「萬本」相同。

〔五〕「生生不已」「于本」在此句下尚有「淵淵不斷」四字。

〔六〕「如天行健」「于本」在此句下尚有「篤行而不倦」五字。

四性歸原歌〔一〕（七言八句）

世人不知己之性，何能得知〔二〕人之性？

物性亦如人之性，至如〔三〕天地亦此性。

我賴天地以存身，天地賴我以致局。
若能先求知我性，天地授我偏獨靈。

校記

〔一〕本篇採自「萬本」。主題是先求知己、後求知彼。
〔二〕［得知］「萬本」作「得之」，今據「于本」。
〔三〕［至如］「于本」作「至於」。

無極歌〔一〕（七言四句）

無形無象無紛拏〔二〕，一片神行至道誇。
參透虛無根蒂固，渾渾沌沌樂無涯。

校記

〔一〕本篇採自「姚本」，原文列在太極歌之前，為「萬本」所不收，也不知為何人所作。而「無形無象」句見於「宋譜」之授秘歌。

〔二〕「紛拏」語見史記「漢、匈奴相紛拏」。拏，音拿，牽制。紛拏，猶言紛爭也。

太極歌〔一〕（七言四句）

太極原生無極中，混元一氣感斯通。
先天逆運隨機變，萬象包羅易理中。

校記

〔一〕本篇採自「萬本」，也見於「姚本」，內容完全相同，一字不差。

卷十一　陳譜：明代陳王廷拳經總歌

清代陳長興太極拳論

拳經總歌〔一〕（七言二十二句）　陳王廷〔二〕

縱放屈伸人莫知，諸靠纏繞我皆依。

劈打推壓得進步，搬撂橫採也難敵。
鈎掤逼攬〔三〕人人曉，閃驚巧取〔四〕有誰知？
佯輸詐走誰云敗？引誘回衝致勝歸。
滾拴搭掃靈微妙，橫直劈砍奇更奇。
截進遮攔穿心肘，迎風接步紅砲捶；
二換掃壓掛面脚，左右邊簪庄跟腿〔五〕；
截前壓後無縫鎖，聲東擊西要熟識。
上籠下提君須記，進攻退閃莫遲遲。
藏頭蓋面天下有，攢心剁脇世間稀。
教師不識此中理，難將武藝論高低。

校記

〔一〕本篇初見於河南温縣陳家溝陳氏兩儀堂本太極拳譜。「顧本」（第一七〇頁）和「馨本」（第三五〇——三五二頁）均有轉輯，由於這兩者文字相同，故以「趙本」參校。「趙本」篇題作太極拳歌訣。

〔二〕本篇作者，經唐豪考定為陳氏九世陳奏庭所著。陳氏家譜稱：「奏庭，名王庭。明末武庠生，清初文庠生。」但陳鑫所輯陳氏家乘却説：「陳奏庭，名王廷。庠生，清入武庠，精太極拳。」兩者有出入。「顧本」所輯本篇署陳王庭著，「馨本」則署陳王廷著，「趙本」署陳長興著。今依「馨本」所署。

〔三〕〔鈎掤逼攬〕「趙本」作「鈎掤迫攬」。

〔四〕〔閃驚巧取〕「趙本」如此，而「顧本」和「馨本」都作「閃驚取巧」。查明代戚繼光拳經中就有「怎當我閃驚巧取」句，據筆者考證：本篇實際上是參照戚氏拳經歌訣，提綱挈領地撰寫而成的綱要性歌訣，故名拳經總歌（詳請參閱沈壽著太極拳法研究第二六——二七頁關於明末拳經總歌的初步研究一文福建人民出版社一九八四年六月初版）。因之，此句據「趙本」改。

〔五〕〔庄跟腿〕「顧本」如此，而「趙本」作「庄根腿」。在一定範圍，跟、根二字可通。戚繼光拳經歌訣中有「追上穿庄一腿」句，而陳式太極拳也有「蹬一根」的式名，説明「庄根腿」三字似也不無根據。今依「顧本」，並註以待考。

太極拳十大要論〔一〕

陳長興〔二〕

一理〔三〕第一

夫物散必有統，分必有合。天地間，四面八方，紛紛者各有所屬；千頭萬緒，攘攘者自有其源。蓋一本可散為萬殊，而萬殊咸歸於一本。拳術之學，亦不外此公例。

夫太極拳者，千變萬化，無往非勁。勢雖不侔，而勁歸於一。夫所謂一者，自頂至足，内有臟腑筋骨，外有肌膚皮肉，四肢百骸相聯而為一者也。破之而不開，撞之而不散。上欲動而下自隨之，下欲動而上自領之；上下動而中部應之，中部動而上下和之。内外相連，前後相需。所謂一以貫之者，其斯之謂歟！

而要非勉强以致之襲焉！而為之也〔四〕，當時而動，如龍如虎，出乎爾而急如電閃〔五〕；當時而靜，寂然湛然，居其所而穩如山岳。且靜無不靜，表裏上下，全無參差牽掛之意；動無不動，前後左右，均無遊疑抽扯之形。洵乎若水之就下，沛然莫能禦之也。若火機之内攻，發之而不及掩耳。不暇思索，不煩擬議，誠不期然而已然。

蓋勁以積日而有益，功以久練而後成。觀聖門一貫之學，必俟多聞强識，格物致知，方能有功。是知事無難易，功惟自進，不可躐等，不可急就；按步就序，循序漸進〔六〕。夫而後百骸筋節自相貫通，上下表裏不難聯絡，庶乎散者統之，分者合之，四肢百骸總歸於一氣矣！

校記

〔一〕太極拳十大要論（以下簡稱十大要論）採自「趙本」，並與「旺本」附録所輯之該文進行相互校勘。「旺本」、「趙本」都未註明輯自何處。十大要論共有十篇論説文，相互連貫，實為十章。從該文作者的某些觀點看，是不難發現其所受宋、明儒家理學派影響的痕跡。

〔二〕據「旺本」稱：「清道光年間，陳氏十四世陳長興（一七七一——一八五三年）拳技高超，著有太極拳十大要論、太極拳戰鬪篇和太極拳用武要言。」（見該書第三頁）

〔三〕「一理」本篇標題，「旺本」、「趙本」都衹有一「理」字，似乎以「一理」為是；但或許因已有序號「一」字，故在標題上省略之。

總之，自第一至第五篇，依次應為一理、二氣、三節、四梢、五臟。這與本卷所收用武要言中所謂「一理運乎二氣，行乎三節，現乎四梢，統乎五行」等語是切合的。詳請參閱用武要言校記〔二十七〕。

〔四〕「而要非勉强以致之襲焉！而爲之也，……」「旺本」、「趙本」均作「而要非勉强以致之，襲焉而為之也。」雖亦可解，而今按語氣重新標點，把「而為之也」四字冠於下面一句。銓其大意是：然則重要的是不可勉强地去發動襲擊啊！而其（正確）做法呢，即下面所闡述的。

至於把下半句標點為「襲，焉而為之也？」亦可解，意即：襲擊，該怎么去做呢？然而本句語法與後文身法篇「而要非拘拘焉！而為之也，……」是一致的，而此句又可參看二氣篇「甚勿以是為拘拘焉耳！」

〔五〕〔出乎爾而急如電閃〕「旺本」作「出乎爾而，急如電閃。」其實，此句與後文「居其所而穩如山岳」句成對偶，故不宜在中間加入逗號。

〔六〕〔循序漸進〕「趙本」作「循次漸進」，今據「旺本」改。

二氣〔一〕第二

天地間，未有一往而不返者，亦未嘗〔二〕有直而無曲者矣。蓋物有對待，勢有迴還，古今不易之理也。故嘗有世之論捶者而兼論氣者矣〔三〕！

夫主於一、何分為二？所謂二者，即呼吸也。呼吸，即陰陽也。捶不能無動靜，氣不能無呼吸。呼則為陽，吸則為陰；上昇為陽，下降為陰；陽氣上昇而為陽，陽氣下行而為陰；陰氣上昇即為陽，陰氣下行仍為陰。此陰陽之所以分也。

何謂清濁？昇而上者為清，降而下者為濁。清者為陽，濁者為陰。然分而言之為陰陽，渾而言之統為氣。氣不能無陰陽，即所謂人不能無動靜，鼻不能無呼吸，口不能無出入，而所以為對待、迴還之理也。然則氣分為二，而貫於一。有志於是途者，甚勿以是為拘拘焉耳！

校記

〔一〕〔**二氣**〕指陰陽二氣。「旺本」和「趙本」的本篇標題原作一「氣」字，似以「二氣」為是。詳見上一篇一理的校記〔三〕。

〔二〕〔**未嘗**〕「旺本」誤作「未常」。

〔三〕〔**故嘗有世之論捶者而兼論氣者矣**〕「旺本」作「常有世之論捶者，而兼論氣者矣。」

三節第三

夫氣本諸身，而身節部甚繁，若逐節論之，則有遠乎拳術之宗旨；惟分為三節而論，可謂得其截法。

三節，上、中、下，或根、中、梢也。

以一身言之：頭為上節，胸為中節，腿為下節。

以頭面言之：額為上節，鼻為中節，口為下節。

以中身言之：胸為上節，腹為中節，丹田為下節。

以腿言之：胯為根節，膝為中節，足為梢節。

以臂言之：膊為根節〔一〕，肘為中節，手為梢節。

以手言之：腕為根節，掌為中節，指為梢節。觀於此，而足不必論矣！然則自頂至足〔二〕，莫不各有三節也。要之，即莫非三節之所，即莫非着意之處〔三〕。蓋上節不明，無依無宗；中節不明，滿腔是空；下節不明，顛覆必生。由此觀之，身三節部，豈可忽也！

至於氣之發動，要從梢節起，中節隨，根節催之而已。此固分而言之，若合而言之，則上自頭頂，下至足底，四肢百骸，總為一節，夫何為三節之有哉〔四〕！又何三節中之各有三節云乎哉〔五〕！

校記

〔一〕［**膊爲根節**］膊，上肢近肩部位。而此處所指實為肩部。

〔二〕［**自頂至足**］「旺本」作「自項至足」，訛也。後文有「上自頭頂，下至足底」一語，便是明證。今據「趙本」改。

〔三〕［**即莫非三節之所，即莫非着意之處**］本句中的兩個「即」字，「旺本」皆作「既」。

今據「趙本」。

〔四〕「夫何爲三節之有哉」「何為」二字，「趙本」作「何謂」。

〔五〕「又何三節中之各有三節云乎哉」「趙本」在「又何」二字下多一「為」字，其餘相同。兩者皆可解。

四梢〔一〕第四

試於論身之外〔二〕，而進論四梢。夫四梢者，身之餘緒也。言身者初不及此，言氣者亦所罕聞。然捶以由內而發外，氣本諸身而發梢。氣之為用，不本諸身則虛而不實，不行於梢則實而仍虛。梢亦可弗講乎？若手、指、足，特論身之梢耳！而未及梢之梢也！

四梢惟何？髮其一也。夫髮之所係，不列於五行，無關於四體，是無足論矣！然髮為血之梢，血為氣之海。縱不本諸髮，而論氣，要不可離乎血以生氣；不離乎血，即不得不兼乎髮。髮欲衝冠，血梢足矣！

抑舌為肉之梢，而肉為氣之囊。氣不能行諸肉之梢，即氣無以充其氣之量。故必舌欲催齒〔三〕，而肉梢足矣！

至於骨梢者，齒也。筋梢者，指甲也。氣生於骨而聯於筋，不及乎齒，即不及乎骨之梢；不及乎指甲，即不及乎筋之梢。而欲足爾者，要非齒欲斷筋、甲欲透骨不能也！果能如此，則四梢足矣！

四梢足，而氣自足矣！豈復有虛而不實、實而仍虛之弊乎！

校記

〔一〕「四梢」本篇專論的「四梢」，所指是：「髮為血之梢，舌為肉之梢，齒為骨之梢，甲為筋之梢。」這是古代中醫學的理論，而不同於我們通常所說的「手足四梢」。

〔二〕「試於論身之外」「趙本」作「試論於身之外」。今據「旺本」改。所謂「論身」即指上一篇論身之節部。

〔三〕「**故必舌欲催齒**」「旺本」、「趙本」皆如此。然而從「髮欲衝冠」、「齒欲斷筋」、「甲欲透骨」等誇張性語言看，疑本句之「催」字恐係「摧」字之誤。

五臟〔一〕第五

夫捶以言勢，勢以言氣。人得五臟以成形，即由五臟而生氣。五臟實為性命之源，生氣之本，而名為心、肝、脾、肺、腎也。心屬火，而有炎上之象；肝屬木，而有曲直之形；脾屬土，而有敦厚之勢；肺屬金，而有從革之能；腎屬水，而有潤下之功〔二〕。此乃五臟之義〔三〕，而猶準之於氣，皆有所配合焉。凡世之講拳術者，要不能離乎斯也。

其在於内，胸廓為肺經之位，而肺為五臟之華蓋〔四〕，故肺經動，而諸臟不能不動也。兩乳之中為心，而肺抱護之；肺之下、膈之上，心經之位也。心為君，心火動，而相火無不奉命焉〔五〕。而兩乳之下，右為肝，左為脾，背之十四骨節為腎。至於腰，為兩腎之本位，而腎〔六〕為先天之第一，又為諸臟之根源。故腎氣足〔七〕，則金、木、水、火、土無不各顯生機焉！此論五臟之部位也。

然五臟之存乎內者，各有定位。而見於身者，亦有專屬。但地位甚多，難以盡述。大約身之所繫，中者屬心，窩者屬肺，骨之露處屬腎，筋之聯處屬肝，肉之厚處屬脾。想其意：心如猛，肝如箭，脾之力大甚無窮，肺經之位最靈變，腎氣之動快如風。是在當局者自為體驗，而非筆墨所能盡罄者也！

校記

〔一〕本篇是為習拳者提供中醫學有關五臟理論知識，詳可參閱黃帝內經·素問和靈樞經等中醫典籍。

〔二〕［**潤下之功**］「趙本」作「利下之功」。查「火炎上，水潤下」是中醫學的常用語，故以「潤下」為是。

〔三〕［**五臟之義**］「旺本」作「五臟之意」，今據「趙本」。

〔四〕［**而肺爲五臟之華蓋**］「旺本」、「趙本」皆把句末的「蓋」字移入下面，作「蓋故肺經動」，訛也！今特予訂正。

〔五〕［**而相火無不奉命焉**］本句末尾的「焉」字，「趙本」作「也」。

〔六〕［**而腎**］此處「腎」字係點校者補入。

〔七〕［**故腎氣足**］「旺本」、「趙本」皆脱一「氣」字。可參看後文「腎氣之動快如風」句。

三合〔一〕第六

五臟既明，再論三合。夫所謂「三合」者：心與意合，氣與力合，筋與骨合，內三合也；手與足合，肘與膝合，肩與胯合，外三合也。若以左手與右足相合，左肘與右膝相合，左肩與右胯相合，右三與左亦然。以頭與手合，手與身合，身與步合，孰非外合！心與目合，肝與筋合，脾與肉合，肺與身合，腎與骨合，孰非內合！然此特從變而言之也〔二〕。

總之，一動而無不動，一合而無不合，五臟百骸悉在其中矣！

校記

〔一〕本篇所闡釋的「內三合」、「外三合」，拳家通稱之為「拳術六合」。故列為第六篇，以合序數。

〔二〕「**然此特從變而言之也**」別本作「然此從特變而言之也」。

六進〔一〕第七

既知三合，猶有六進。夫「六進」者何也？頭為六陽之首，而為周身之主，五官百骸，莫不體此為向背，頭不可不進也！手為先鋒，根基在膊，膊不進則手却不前矣！是膊亦不可不進也〔二〕！氣聚於腕，機關在腰，腰不進則氣餒而不實矣！此所以腰貴於進者也！意貫周身，運動在步，步不進則意索然而無能為矣〔三〕！此所以必取其進也！以及上左必進右，上右必進左，共為六進。

此六進者，孰非著力之地歟！要之，未及其進，合周身毫無關動之意；一言其進，統全體全無抽扯之形。六進之道，如是而已！

校記

〔一〕本篇六進指的是頭、膊、腰、步以及左、右同進。從而使意、氣、身、手、腕等內外上下協調一致，做到「一言其進，統全體全無抽扯之形。」

〔二〕「**手爲先鋒，根基在膊，膊不進則手却不前矣！是膊亦不可不進也**」此句共有三個「膊」字，而「旺本」皆誤作「脚」，今據「趙本」。膊，原指上肢的近肩部位，而俗稱肩部為「肩髆」，此處實即指包括上肢三角肌部位在内的肩部。手為上肢之梢節，肩為上肢之根節，故曰「手為先鋒，根基在髆」。倘若改作「根基在脚」，雖可作「上下相隨」解，却與後文六進之「步」字相互重復，形成自相矛盾而難圓其説矣！由此可證，「旺本」之「脚」字，實係「髆」字之誤。

〔三〕「**步不進則意索然而無能爲矣**」本句「旺本」、「趙本」皆作「步不進而意則索然無能為矣。」文言文原無標點，因而古人作文，往往使其有些文句前後排比，或成對偶，為的是便於成誦。若以本句而論，當與前文「腰不進則氣餒而不實矣」句互相呼應，而採取同一造句法。故可推斷，「旺本」所傳鈔的上述原文，曾被人抄錯或刊刻有誤。

身法〔一〕第八

夫發手擊敵，全賴身法之助，身法維何〔二〕？縱、橫、高、低、進、退、反、側而已！

縱，則放其勢，一往而不返。

橫，則理其力，開拓而莫阻。

高，則揚其身，而身有增長之意。

低，則抑其身，而身有攢促之形。

當進則進，殫其力而勇往直前。

當退則退，速其氣而迴轉扶勢。

至於反身顧後，後即前也。

側顧左右，左右惡敢當我哉！

而要非拘拘焉！而為之也〔三〕，察夫人之强弱，運乎己之機關。有忽縱而忽橫，縱橫因勢而變遷，不可一概而推。有忽高而忽低，高低隨時以轉移〔四〕，豈可執一而論。時而宜進，不可退，退以餒其氣；時而宜退，即以退，退以鼓其進。是進固進也，即退亦實以助其進。若反身顧後，而後不覺其為後；

側顧左右，而左右不覺其為左右。總之，觀在眼，變化在心，而握其要者，則本諸身。身而前，則四體不命而行矣！身而怯，則百骸莫不冥然而處矣！身法，顧可置而不論乎！

校記

〔一〕本篇把身法歸納為「縱、橫、高、低、進、退、反、側」八法，並加以扼要的解說。將這八種身法的論述，列為第八篇，恰好與序數相合，這事自非出於偶然。從而說明：十大要論各篇是大都與各自的序數相合的，其中也包括諸如三合、身法等篇的暗合。

〔二〕「**維何**」維，同惟，思也。第四篇四梢一文中作「惟何」，可通。

〔三〕「**而要非拘拘焉！而爲之也，……**」「旺本」、「趙本」作「而要非拘拘焉而為之也」。今據此句語氣重新標點。

〔四〕「**高低隨時以轉移**」句中「高低」二字，「旺本」作「高底」。今據前文「有忽高而忽低」一語，以及「趙本」的有關句改。但「底」字可作底下解，故亦可通。請參閱本書卷十三太極拳用説校記〔五〕。

步法〔一〕第九

今夫四肢百骸，主於動，而實運以步。步者，乃一身之根基，運動之樞紐也！以故應戰、對戰，本諸身；而所以為身之砥柱者，莫非步！隨機應變，在於手；而所以為手之轉移者，又在於步。進退反側，非步何以作鼓動之機？抑揚伸縮，非步何以示變化之妙？即謂「觀察在眼、變化在心」，而轉彎抹角，千變萬化，不至窮迫者何？莫非步之司命〔二〕！而要非勉强可致之也！動作出於無心，鼓舞出於不覺。身欲動，而步以為之周旋；手將動，而步亦早為之催迫。不期然而已然，莫之驅而若驅。所謂「上欲動而下自隨之」，其斯之謂歟！

且步分前後。有定位者，步也；無定位者，亦步也！如前步進，而後步亦隨之，前後自有定位也；若前步作後步，後步作前步，更以前步作後步之前步，後步作前步之後步，前後亦自有定位矣。

總之，捶以論勢，而握要者，步也！活與不活，在於步；靈與不靈，亦在於步。步之為用大矣哉！

校記

〔一〕本篇被列為第九篇，言其步法之變化無窮也。因為在十個基本數碼中，「九」是最大的有效數，常被古人隱喻為「最多」之義。

〔二〕「不至窮迫者何？莫非步之司命」「旺本」此句作「不至窮迫者，何莫非步之司命」，斷句有誤，故今據原文重新標點。

剛柔〔一〕第十

夫拳術之為用，氣與勢而已矣！然而氣有强弱，勢分剛柔。氣强者取乎勢之剛，氣弱者取乎勢之柔。剛者以千鈞之力而扼百鈞，柔者以百鈞之力而破千鈞。尚力尚巧，剛柔之所以分也！

然剛柔既分，而發用亦自有別〔二〕。四肢發動，氣行諸外〔三〕而內持静重，剛勢也；氣屯於內而外現輕和，柔勢也。用剛不可無柔，無柔則環繞不速；用柔不可無剛，無剛則催逼不捷〔四〕。剛柔相濟，則粘、遊、連、隨〔五〕，騰、閃、摺、空〔六〕，掤、攦、擠、捺〔七〕，無不得其自然矣！剛柔不可偏用，用武豈可忽耶！

校記

〔一〕本篇之所以被列為第十篇，蓋拳術不可不明剛柔，能剛柔相濟，方為十全。是故列為第十。

「楨本」將本篇之第二段，列入陳鑫太極拳論分類語録之第九部份的最末一條（見「楨本」第二九八頁）。「馨本」則是據「楨本」轉録的（見「馨本」第四二四頁），故兩者完全相同。

〔二〕「而發用亦自有别」「楨本」、「馨本」無「亦自」二字，作「而發用有别」。

〔三〕「氣行諸外」「楨本」、「馨本」作「氣形諸外」。

〔四〕「催逼不撓」「趙本」作「摧逼不撓」。「楨本」、「馨本」作「催迫不撓」。

〔五〕「粘、遊、連、隨」楊氏老譜有粘黏連隨篇（見本書卷五）。查楊禄禪（一七九九—一八七二）乃陳長興之高足，故「遊」字若非筆誤，作為術語，似與「黏」字相關，或義近，或字異實同。

〔六〕「騰、閃、摺、空」騰挪、閃展、摺疊和引進落空之簡稱，原屬武術通用術語。

「摺」，簡體字作「折」，此字「楨本」、「馨本」作「抖」。抖為抖勁，空為空勁，故作「抖、空」自亦可解。但折、抖二字，有可能因字形相近而筆誤，或係排印差訛所致。孰是？待考。

〔七〕〔捺〕重按為「捺」。各本皆作「捺」，惟「趙本」作「按」，或係抄寫時所改。而陳溝之譜，稱「按」為「捺」者，所在多有。似以「捺」為是。

用武要言〔一〕

陳長興

要訣云：捶自心出，拳隨意發。總要知己知彼，隨機應變。心氣一發，四肢皆動。足起有地，動轉有位。或粘而遊，或連而隨；或騰而閃，或摺而空；或掤而攦，或擠而捺。

拳打五尺以內，三尺以外；遠不發肘，近不發手。無論前後左右，一步一捶。遇敵以得人為準，以不見形為妙！

拳術如戰術：擊其無備，襲其不意；乘擊而襲，乘襲而擊。虛而實之，實而虛之；避實擊虛，取本求末。出遇衆圍，如生龍活虎之狀；逢擊單敵，似巨炮直轟之勢。

上、中、下一氣把定，身、手、足規矩繩束〔二〕。手不向空起，亦不向空落〔三〕，精敏神巧全在活。

古人云：能去能就，能剛能柔，能進能退。不動如山岳，難知如陰陽；無窮如天地，充實如太倉；浩渺如四海，眩曜如三光〔四〕。察來勢之機會，揣敵人之短長〔五〕。靜以待動，動以處靜，然後可言拳術也！

要訣云：借法容易上法難，還是上法最為先。

戰鬭篇云：擊手勇猛，不當擊梢，迎面取中堂；搶上搶下勢如虎，類似鷹鷂下雞場。翻江潑海不須忙〔六〕，丹鳳朝陽最為强〔七〕；雲背日月天交地，武藝相爭見短長。

要訣云：發步進入須進身，身手齊到是為真。法中有訣從何取？解開其理妙如神〔八〕。

古有閃、進、打、顧之法：何為閃？何為進？進即閃，閃即進，不必遠求！何為打？何為顧？顧即打，打即顧〔九〕，發手便是！

古人云：心如火藥手如彈，靈機一動鳥難逃。身似弓弦手似箭，弦響鳥落顯神奇〔十〕。

起手如閃電，電閃不及合眸；擊敵如迅雷，雷發不及掩耳。

左過右來，右過左來〔十一〕。手從心内發，落向前面落〔十二〕。力從足上起，足起猶火作。

上左須進右，上右須進左。發步時，足跟先著地〔十三〕，十趾要抓地。步要穩當，身要莊重。去時撒手，著人成拳。上下氣要均停〔十四〕，出入以身為主宰；不貪不歉，不即不離。拳由心發，以身催手，一肢動百骸皆隨。一屈統身皆屈，一伸統身皆伸；伸要伸得盡，屈要屈得緊。如捲砲捲得緊〔十五〕，崩得有力。

戰鬪篇云：不拘提打、按打，擊打、衝打，膊打、肘打，胯打、腿打，頭打、手打，高打、低打，順打、横打，進步打、退步打，截氣打、借氣打〔十六〕，以及上下百般打法，總要一氣相貫。

「出身先佔巧地」，是為戰鬪要訣。骨節要對，不對則無力；手把要靈，不靈則生變。發手要快，不快則遲誤；打手要狠，不狠則不濟。脚手要活，不活則擔險；存心要精，不精則受愚。

發身要鷹揚猛勇，潑辣膽大〔十七〕，機智連環，勿畏懼遲疑。如關臨白馬，趙臨長坂〔十八〕。神威凜凜，波開浪裂。靜如山岳，動如雷發。

要訣云：人之來勢，務要審察。足踢頭前，拳打膊下〔十九〕。側身進步，伏身起發。足來提膝，拳來肘撥。順來横擊，横來捧壓〔二十〕；左來右接，右來左迎。遠便上手，近便用肘；遠便足踢，近便加膝。

拳打上風，審顧地形。手要急、足要輕，察勢如貓行。心要整、目要清〔二十一〕，身手齊到始為真〔二十二〕。手到身不到，擊敵不得妙；手到身亦到，破敵如摧草（二十三）。

戰鬭篇云：善擊者，先看步位，後下手勢。上打咽喉下打陰，左右兩肋並中心（二十四）。前打一丈不為遠，近打衹在一寸間。

要訣云：操演時，面前如有人；對敵時，有人如無人。面前手來不見手，胸前肘來不見肘。手起足要落，足落手要起。

心要佔先，意要勝人。身要攻人，步要過人。頭須仰起，胸須現起。腰須竪起，丹田須運起。自頂至足（二十五），一氣相貫。

戰鬭篇云：膽戰心寒者，必不能取勝；不察形勢者，必不能防人（二十六）。

先動為師，後動為弟。能教一思進，莫教一思退，膽欲大而心欲小。「運用之妙，存乎一心（二十七）而已！一理運乎二氣（二十八），行乎三節，現乎四梢，統乎五行。時時操演，朝朝運化，始而勉强，久而自然！拳術之道學，終於此而已矣！

校記

〔一〕本篇採自「趙本」，並與「旺本」互校。篇內包括引述要訣、戰鬬篇和古人語，似屬編集有關語録性質。若就文體而言，則除論説文之外，尚收有拳術諺語和拳術歌訣等。雖然文字淺近，但技擊理論是精辟的，可供太極推手、散手愛好者或其他拳術技擊研究者參考。

〔二〕〔**規矩繩束**〕「規矩」二字，「旺本」誤排作「規距」。「繩束」二字，「趙本」作「約束」。

〔三〕〔**手不向空起，亦不向空落**〕「趙本」作「手不空起，亦不向空落」。別本亦有作「手不空起，亦不空落」者。今據「旺本」。

〔四〕〔**能去能就，……眩曜如三光。**〕「旺本」、「趙本」皆如內文所録。這段話見於元代羅貫中著三國演義第一百回漢兵刼寨破曹真，説的是諸葛亮致曹真的書信中語。但對照通行本三國演義的原文，發現：

①「能去能就」句前，有「竊謂：夫為將者」等語，説明這是論將才的話。

②「能剛能柔」句，原文作「能柔能剛」。

③「能進能退」句下尚有「能弱能强」四字。

④「難知如陰陽」句，有作「難測如陰陽」者。

〔五〕「察來勢之機會，揣敵人之短長」三國演義第一百回，在上述「眩曜如三光」句下，有「預知天文之旱澇，先識地理之平康。察陣勢之期會，揣敵人之短長」四句，而用武要言作者删去前兩句，並改第三句為「察來勢之機會」。

〔六〕「翻江潑海不須忙」「旺本」作「翻江撥海不須忙」。今據「趙本」。

〔七〕「丹鳳朝陽最爲强」丹鳳，「趙本」作「單鳳」。今據「旺本」改。

〔八〕「解開其理妙如神」「趙本」作「解開真理妙如神」。今據「旺本」改。

〔九〕「顧即打，打即顧」「趙本」脱漏這六個字。

〔十〕「顯神奇」「旺本」作「顯奇神」。今據「趙本」。

〔十一〕「左過右來，右過左來」「旺本」如此。「趙本」作「左過右來，右來左過」。

〔十二〕「落向前面落」「旺本」作「落向前落」。

〔十三〕「足跟先著地」足跟，「旺本」作「足根」，可通。

〔十四〕「**均停**」即「匀停」，是均匀而適度的意思。

〔十五〕「**捲砲捲得緊**」「捲砲」即「砲竹」，又名「爆竹」、「爆仗」。制作時，用草紙捲火药並加引火素而成，故名。捲得越緊，崩得越高。以此借喻拳術之屈伸、蓄發和爆發力，言簡意賅，明白易懂。

〔十六〕「**提打、按打、……借氣打**」所列十八種打法，俗稱「十八打」或「十八打法」。若能用於上下和四方，即所謂「拳彌六合」，則可得一百單八打法。此即後文所說的「上下百般打法」了。然而所言皆屬概數，言其大略而已矣！

〔十七〕「**潑辣胆大**」「旺本」、「趙本」均作「潑皮胆大」，説明原文有誤。潑皮，無賴也。潑辣，猛悍敢為。故以「潑辣」為是。

〔十八〕「**如關臨白馬，趙臨長坡**」關，指關羽。趙，指趙雲。白馬，指白馬坡。長坂，指長坂坡。

〔十九〕「**拳打膞下**」「旺本」作「拳打膞乍」，訛也。膞，此處專指肩膞。膞下，實即指腋下的脇部。

〔二十〕「**橫來捧壓**」捧，向上曰「捧」；向下曰「壓」。故捧、壓為兩法，隨機應敵。別本有作「棒壓」者，訛也。

〔二十一〕「**目要清**」「旺本」作「且要清」，似為排印差誤。

〔二十二〕「**身手齊到始爲真**」「旺本」作「身手齊到始成功」。從這四句順口溜的韻脚看，似以「始為真」為是，故從「趙本」。

〔二十三〕「**破敵如摧草**」「旺本」、「趙本」均作「破敵如催草」，誤把「摧」字寫作「催」。據「趙本」分析，發現原書把前文「以身催手」與此處「破敵如摧草」句中的催、摧二字相互串錯。今已一一訂正。

〔二十四〕「**左右兩肋並中心**」「趙本」兩肋作「兩脇」，今據「旺本」改。「鑫本」別有與此相類的七言四句歌訣，其第一、二句作「上打咽喉下打陰，中間兩肋並當心」。（詳見本書卷十二的殺手歌）

〔二十五〕「**自項至足**」「旺本」作「自項至足」，訛也。

〔二十六〕「**不察形勢者，必不能防人**」「旺本」作「不能察形勢者，必不能防人。」

〔二十七〕〔**運用之妙，存乎一心**〕宋代岳飛答宗澤語，原文為：「陣而後戰，兵法之常；運用之妙，存乎一心」（見宋史·岳飛傳）。

〔二十八〕〔**一理運乎二氣**〕「旺本」、「趙本」均作「一而運乎二氣」，說明原文鐫刻有誤。本卷所收太極拳十大要論的第一至第五篇為一理、二氣、三節、四梢、五臟，與本篇「一理運乎二氣，行乎三節，現乎四梢，統乎五行」句是完全相吻合的。

卷十二 陳譜：清末陳鑫太極拳論著（一）

太極拳經譜（一）（四言一百六十句（二））

太極兩儀，天地陰陽；闔闢動靜，柔之與剛。

屈伸往來，進退存亡；一開一合，有變有常。
虛實兼到，忽見忽藏〔三〕，健順參半，引進精詳。
或收或放，忽弛忽張，錯綜變化，欲抑先揚。
必先有事，勿助勿忘，真積力久，質而彌光〔四〕。
盈虛有象，出入無方，神以知來，智以藏往。
賓主分明，中道皇皇，經權互用，補短截長。
神龍變化，疇測汪洋〔五〕？沿路纏綿，静運無慌！
肌膚骨節，處處開張，不先不後，迎送相當。
前後左右，上下四傍，轉接靈敏，緩急相將。
高擎低取，如願相償，不滯於跡，不涉於虛。
至誠即太極之理氣。運動，擒縱由余，天機活潑，浩氣流行。
佯輸詐敗，制勝權衡，順來逆往，令彼莫測。
因時制宜，中藏妙訣，上行下打，斷不可偏。

聲東擊西，左右威宣，寒往暑來，誰識其端？
千古一日，至理循環，上下相隨，不可空談。
循序漸進，仔細研究，人能受苦，終躋渾然！
至疾至迅，纏繞迴旋，離形得似，何非月圓！
精練已極，極小亦圈，日中則昃，月滿則虧。
敵如詐誘，不可緊追，若踰界限，勢難轉回。
況一失勢，雖悔何追？我守我疆，不卑不亢。
九折羊腸，不可稍讓；如讓他人，人立我跌。
急與爭鋒，能上莫下，多佔一分，我據形勢。
一夫當關，萬人失勇。拈連粘隨〔六〕，會神聚精。
運我虛靈，彌加整重；細膩熨帖〔七〕，中權後勁。
虛籠詐誘〔八〕，祇為一轉；來脈得勢，轉關何難？
實中有虛，人已相參；虛中有實，孰測機關？

不遮不架，不頂不延遲也。；不軟不硬，不脱不沾〔九〕。
突如其來，人莫知其所以然只覺如風摧倒。〔十〕；
跌翻絶妙，靈境難以言傳！
試一形容，手中有權：
宜輕則輕，斟酌無偏；宜重則重，如虎下山。
引視彼來，進由我去；來宜聽真，去貴神速。
一窺其勢，一覘其隙，有隙可乘，不敢不入；
失此機會，恐難再得！一點靈境，為君指出。
至於身法，原無一定；無定雖説無定。〔十一〕有定，在人自用：
橫竪顛倒，立坐卧挺，前俯後仰，奇正相生；
迴旋倚側，攢躍皆中皆有中氣，放收宰乎其中。，千變萬化，難繪其形。
氣不離理，一言可罄〔十二〕：開合虛實，即為拳經。
用力日久，豁然貫通，日新不已，自臻神聖。

渾然無跡，妙手空空，若有鬼神，助我虛靈；
豈知我心，祇守一敬！

校記

〔一〕本卷除個別篇章外，均採自「鑫本」，並與「顧本」、「楨本」、「馨本」所輯的有關文章作了相互校勘。文內夾註都是原有的。

本篇「鑫本」列在卷首（即卷一之前別列一卷，以示重要），是歷代不多見的長篇拳術理論歌訣。「顧本」、「楨本」、「馨本」皆收輯，且倍加推崇。

〔二〕本篇「鑫本」為一百六十一句，竟為奇數。而「顧本」、「楨本」、「馨本」所輯亦無不如此。經筆者多年來反覆校讀，並結合原文葉韻，發現「突如其來」句下的長短句有疑問，其中「只覺如風摧倒」六字似為夾註而誤作正文者，今特予訂正；其餘六、七言各一句，仍作為正文看待。這樣按一百六十句計算，除上述摻入六、七言各一句外，其餘均為四言。但七言一句似衍一「其」字，故據「馨本」刪之。

〔三〕［**忽見忽藏**］見，此處音義均同「現」。

〔四〕［**質而彌光**］本世紀三十年代出版的「鑫本」作「質而彌先」，「先」字與韻脚不合，有誤。而六十年代出版的「顧本」（第一七〇頁）、「楨本」（第二七六頁）仍作「先」，惟一九八二年出版的「馨本」已改正為「光」。以「質而彌光」為是。

〔五〕［**疇測汪洋**］疇，此處義同「誰」。「鑫本」太極拳推原解有「變化猶龍，人莫能測」等語（見本書卷十三），與此處「神龍變化，疇測汪洋」句的含義是一致的。疇，「鑫本」、「顧本」皆如此，而「楨本」、「馨本」却改作「儔」。儔，伴侶，類別。由於漢代以前，「儔」字一般都寫作「疇」，以致容易發生串錯或誤改現象。總之，本句以「疇測汪洋」為是。

〔六〕［**拈連粘隨**］「顧本」、「楨本」、「馨本」皆改作「沾连粘随」（簡體字本），若再改成繁體字便成為「粘連黏隨」。其實「拈」字只能讀如「捻」或「年（陰平）」，所以此處可能是「黏」字的別寫。而「粘」字原是「黏」字的俗寫，它既可讀如「年（陰平）」，又可讀如「沾」。不過，讀音不同，其含義亦隨之有別。在近世的太極拳專著中，凡應用繁體字排印的，通常把「粘」字讀作「沾」，而把「黏」字讀作「年（陰平）」。五十年代推行簡體字後，則又把原有的「粘連黏隨」

句，簡化為「沾连粘随」。以致在研究太極拳舊著時，「沾」、「粘」、「黏」這幾個被當作太極拳術語的字極易串錯，不可不辨。換言之，本句祇能作「黏（拈）連粘隨」解，若寫成簡化字，當為「粘（拈）连沾随」，而不是「沾连粘随」了。不過，由於各句字異義同，故不予更改。

〔七〕「**細膩熨帖**」帖，「顧本」作「貼」，可通。而「楨本」、「馨本」均復原為「帖」，與「鑫本」原文相同。

〔八〕「**虛籠詐誘**」誘，「鑫本」誤作「透」，當係排印差訛。

〔九〕「**不脫不沾**」此處「沾」字係「鑫本」原文，可連同本篇校記〔六〕一併研究。

〔十〕「**突如其來，人莫知其所以然**」「鑫本」、「顧本」、「楨本」原文均為「突如其來，人莫知其所以然」。「馨本」刪去第二個「其」字，今因之。至於本句的夾註「只覺如風摧倒」六個字，上述各本都當作正文，不僅多出一句，而且影響到這一段的葉韻，故不可不訂正。詳請參閱本篇校記〔一一〕。

〔十一〕「**雖說無定**」此夾註為「鑫本」所原有，但顧氏各輯本均未收入。前文「至誠」二字下「即太極之理氣」等六字夾註，亦為顧氏各本所未收錄。

〔十二〕〔磬〕「鑫本」誤作「磐」。

太極拳權譜〔一〕（四言四十八句）

中氣即太和之元氣，不偏不倚，無過無不及。貫足，精神百倍十年用功，十年養氣。。
臨陣交戰，切忌先進。
如不得已，淺嘗帶引。
靜以待動，堅我壁壘。
堂堂之陣，整整之旗。
有備無患，讓彼偷營。
一引一進，奇正相生。
佯輸詐敗，反敗為功〔二〕。

一引即進，轉轉者，從引而忽轉之。進如風。
進至七分，疾速停頓。
兵行詭計，嚴防後侵前後皆是敵人。。
前後左右，俱要留心。
進步莫遲，不直不遂。
足隨手運，圓轉如神。
忽上手足向上。忽下手足向下。，或順用順纏法，其精順〔三〕。或逆用倒轉法，其精逆。。
日光普照，不落邊際以上是敵侵我。。
我進擊人，令其不防。
彼若能防，必非妙方〔四〕四句是我侵人。。
大將臨敵，無處不慎。
任他圍繞，一齊並進。
斬將搴旗，霸王之真。

太極至理，一言難盡。

陰陽變化，存乎其人。

稍涉虛僞學思並用，須下實在功夫。，妙理難尋拳法有經有權，生機無窮，變化由我，不待思索〔五〕。

校記

〔一〕本篇「鑫本」列在卷首太極拳經譜之後，以應其「拳法有經有權」之説。「楨本」改篇題為太極拳拳譜，即把「權」字改作「拳」，不妥！

〔二〕「**反敗爲功**」「楨本」作「反敗為攻」。別一手鈔本作「反敗為勝」。今依「鑫本」原文。銓其大意，乃是把反敗為勝的技戰術當作一種「功夫」來看待的意思。

〔三〕「**其精順**」即「其勁順」。陳鑫著作中凡遇有「勁」字，大都被其本人有意識地改寫作「精」，如下面夾註中有「其精逆」句，亦即「其勁逆」。後文不再另註。本篇中的「精」字，「楨本」已復改為「勁」。而本書一仍其舊，藉以保留陳鑫原著的特色。

〔四〕「**必非妙方**」「楨本」作「必非妨方」，疑為排印之差訛。

〔五〕「妙理難尋」句下之夾註係據「楨本」補入。

太極拳體用〔一〕

太極拳體

太極拳之道，「開合」二字盡之；一陰一陽之謂拳，其妙處全在互為其根。

太極拳用（四言十六句）

拳之運動，惟柔與剛：

彼以剛來，我以柔往；

彼以柔來，全在稱量。以我手稱住人之手，如秤稱物；以我之心度人之心，量其上下遲速，或半路變換機勢。

剛中寓柔，與人不忤；

柔中寓剛，人所難防。
運用在心，不矜不張。
中有所主，無任猖狂。
隨機應變，終不驚慌！

校記

〔一〕本篇見於「楨本」所輯載者，列在陳鑫太極拳推原解之後，但未署原作者名，而其總題作陳鑫等拳論短文選。據考，「子明本」中引陳鑫（字品三，一八四九——一九二九）語云：「吾師品三先生謂：『練拳之道，開合二字盡之；一陰一陽之謂拳，其妙處在互為其根而已！』」由此可證，太極拳體用當屬陳鑫著述，但其題名或為後人所加。

太極拳纏絲法詩（四首）〔一〕

其一（七言四句）

動則生陽靜生陰，一動一靜互為根。
果然〔二〕識得環中趣，輾轉隨意見天真。

其二（七言四句）

陰陽無始又無終〔三〕，來往〔四〕屈伸寓化工。
此中消息真參透，圓轉隨意運鴻濛〔五〕。

其三（七言四句）

一陣清來一陣迷，連環闔闢賴撕提。
理經三昧方才亮，靈境一片是玻璃〔六〕。

其四（五言十八句）

理境原無盡，端由結蟻誠。
三年不窺園，壹志並神凝。
自當從良師，又宜訪高朋。
處處循規矩，一線啓靈明。

一層深一層，層層意無窮。
一開連一合，開合遞相承。
有時引入勝，工欲罷不能。
時習加黽勉，日上自蒸蒸。
一旦無障礙，恍然悟太空。

校記

〔一〕本篇「鑫本」列在卷首（第七十四——七十五頁），從用詞遣句與詩文風格分析，當為陳鑫己作。「子明本」亦列為陳鑫著作。小標題「其一」原作「七言古」，「其四」原作「五言古」。
〔二〕〔果然〕「子明本」引文作「果能」。
〔三〕〔又無終〕「子明本」作「亦無終」。
〔四〕〔來往〕「子明本」作「往來」。
〔五〕〔圓轉隨意運鴻濛〕「子明本」作「太極祇在一環中」。

〔六〕「玻璃」「鑫本」作「破璃」，顯係後人編訂或排印時之差訛，疑其原文為「琉璃」二字。「楨本」作「玻璃」，今因之。

打穴歌〔一〕（七言四句）

身似弓身勁似弦，
穴如的兮手如箭〔二〕。
按時發〔三〕兮須忖正，
千萬莫要與穴偏。

校記

〔一〕本篇見於「鑫本」卷首第一二〇頁，原列在重要穴目之後，篇首有「歌曰」二字，而無篇題。目録中的題名則為重要穴目並歌。篇末原有「杜補」二字，指的是該書訂補者杜育萬所補入的陳鑫原作。

至於打穴歌這一篇題，則是点校者據文而擬的。原作者在重要穴目篇末寫道：「打人必識穴道，不識穴道恐打傷人，如膻中、上腕（脘）諸穴，一被捶打，心氣一提，心血一聚，隨時能令人昏迷，且甚而至於死。故將針炙（灸）面背图繪之於前，以備學者觀覽，關緊穴熟讀記之。」上文的「上腕」、「針炙」二詞中皆有訛寫，括號内係本書點校者訂正之字。打穴，即點穴。今人往往把指點或指節點人穴道者始稱為「點穴」，而不知武術打人穴道都屬「點穴」，並非點穴之外別有「打穴」。

〔二〕「**穴如的兮手如箭**」穴，穴道，亦即穴位。的，目標，箭靶。手如箭，是指出手如箭，能迅疾命中。但並非衹限於手指點擊。

〔三〕「**按時發**」時，作機會解。按時，即乘機的意思。「按時」的反義詞即「失時」，亦即失機。發，發手，發勁之謂也。原文誤作「癸」，當係排印之差訛。

殺手歌〔一〕（七言四句）

上打咽喉下打陰，
中間兩肋並當心〔二〕。
下部兩臁合兩膝〔三〕，
腦後一掌要真魂〔四〕。

校記

〔一〕本篇採自「鑫本」卷首第一三二——一三三頁，列在太極拳著解的序文之後、正文之前。原係兩首七言四句歌訣，其題名祇寫「七言俚語」四字，本首為「其二」。其一與王宗岳七言六句的打手歌相似，但少了兩句，歌曰：「掤攦擠捺須認真，引進落空任人侵。周身相隨敵難近，四兩化動八千斤。」（詳請參看本書卷一）。「楨本」對此二首七言俚語，加擬之篇題為搕手歌二首，並在篇後註曰：「第二首為拼死活之打法，僅見於陳鑫書中，可能係陳鑫綴録舊說，附於舊傳四句之後。」由於「搕手」一詞乃是推手之舊稱，推手豈可應用「拼死活之打法」，故據內文改題為今名。而且本首的第一、二句，亦見於用武要言，（見本書卷十一，其第一句完全相同。）至於本首是否為陳鑫據前人舊作改寫，尚待確考和發現傍證資料。

〔二〕「**中間兩肋並當心**」「兩肋」，「楨本」改作「兩脇」，以「肋」為是。用武要言則作「左右兩肋並中心」。

〔三〕「**下部兩臁合兩膝**」「楨本」改「合」為「並」，而此處合字作「和」解，故其義可通。臁，臁骨，即脛骨。

〔四〕用武要言所記的後面兩句與此不同，其整段的原文為：「戰鬭篇云：『善擊者，先看步位，後下手勢：上打咽喉下打陰，左右兩肋並中心；前打一丈不為遠，近打衹在一寸間。』」

總論拳手内勁剛柔歌〔一〕（七言十句）

純陰無陽是軟手，純陽無陰是硬手；
一陰九陽根頭棍，二陰八陽是散手；
三陰七陽猶覺硬，四陰六陽顯好手；
惟有五陰並五陽，陰陽無偏稱妙手！
妙手一着一太極，空空跡化歸烏有。

每一勢拳，往往數千言不能罄其妙，一經現身説法，甚覺容易；所難者工夫，所尤難者長久工夫！諺有曰：「拳打萬遍，神理自現。」信然！

校記

〔一〕本篇包括歌後跋文，均採自「鑫本」卷一（第一六〇頁），原篇題為總論，僅此二字。「楨本」作太極拳總論，內文完全相同，但未收錄跋文。昔見一輯本，篇題改作總論發明，文內第六句為「四陰六陽類好手」，最後兩句為「妙手一運一太極，跡象化完歸烏有。」想必係傳鈔者潤改所致。

太極剛柔四言俚語〔一〕（四言六句）

太極陰陽，有柔有剛；
剛中寓柔，柔中寓剛；
剛柔相濟，運化無方。

校記

〔一〕本篇見於「楨本」（第三二六頁），篇題作拳經，顯係後人所加。亦見於「子明本」。陳子明在太極拳之要點一節中說：「太極拳之性質，吾師品三雖言『剛中寓柔，柔中寓剛，剛柔相濟，運化無方。』此言成手時之功夫也。」

太極用功七言俚語〔一〕（七言二十八句）

「初收」〔二〕轉圈自然好，
未若此圈十分巧（圈是週身轉，不但手足，而手足在外易見，故以手轉言之！）。
前所轉圈猶嫌大，此圈轉來愈覺小。
越小小到没圈時，方歸太極真神妙！
人言此藝別有訣，往往不肯對人表。
吾謂此藝甚無奇〔三〕，自幼難以打到老；
打到老年自然悟，豁然一貫神理妙！

回頭試想懶惰時，不是先知〔四〕未説到。
説到未入我心中，我心反覺多煩惱。
天天説來天天忘，有心不用何時曉？
有能一日用力尋，陰陽消長自有真。
每日細玩太極圖，一開一闔在吾身。
循序漸進工夫長，日久自能聞真香。
衹要功久能無間，太極隨處見圓光。
此是拳中真正訣，君試平心細思量。

校記

〔一〕本篇採自「鑫本」卷一（第二〇六頁），是解説第九式「再收」（式名）時所作，歌訣前有「七言俚語」四字，别無篇題。本篇題名係本書點校者據文所擬，並非原有。俚語，即通俗歌訣的意思。陳鑫撰寫的俚語極多，而本篇從説「轉圈」開始，進而循循善誘地勸導初學者要堅持活到老、「打到老」，因此，對學習太極拳者有着普遍的指導意義。今特予收録。

〔二〕「**初收**」　這是式名，見「鑫本」卷一，列為第七式。

〔三〕「**甚無奇**」　在「楨本」第三〇八頁和「馨本」第四三一頁所摘載陳鑫太極拳論分類語録中，均作「無甚奇」。其實原文並無不通，譯成白話即「很不希奇」的意思，所以没必要改成「不很希奇」。

〔四〕「**先知**」　謂先知先覺的人，這裏指的是老師，但亦可泛指前賢。

詠太極拳五言俚語〔一〕（五言四十六句）

太極理循環，相傳不計年。

此中有精義，動静皆無愆。

收來名為引，放出箭離弦此二句，上句言引進落空，下句言乘機擊打。。

虎豹深山踞，蛟龍飛潭淵上句言静，下句言動。。
開合原無定活潑潑地。，屈伸勢相連却有一定。。
太極分陰陽，神龍變無方。
天地為父母，摩蕩柔與剛。
生生原不已，奇正不尋常。
乾坤如橐籥，太極一大囊。
盈虛消息故，皆在此中藏。
至終復自始，一氣運弛張。
有形歸無跡，物我兩相忘與道為一。。
太極拳中路，功夫最為先。
循序無躐等，人盡自合天。
空談皆漲墨，實運是真詮。
鳶飛上戾天，魚躍下入淵。

上下皆真趣，主宰貴精研。
若問其中意，道理妙而玄。
往來如晝夜，日月耀光圓。
會得真妙訣，此即太極拳。
凡事都如此，不但在肘間。
返真歸樸後，就是活神仙。
隨在皆得我，太璞自神全仍歸太極。。

校記

〔一〕本篇採自「鑫本」卷三（第四二四頁），是全書的最後一篇。歌訣前有「五言俚語」四字，並無篇題。原作好像是為闡述「合太極」（式名）而撰寫的。「楨本」據文擬題作詠太極拳，並註明「五言俚語」，今因之。「楨本」亦輯自「鑫本」，與本篇文字完全相同。

「鑫本」包括卷首理論部份這一卷在內，共為四卷。後三卷——即卷一至卷三，為太極拳勢圖說。這套陳式太極拳，從第一式「金剛搗碓」至第六十四式「當頭砲」收式為止，陳鑫共撰寫了一百五十三首俚語歌訣，平均每式兩首以上。本書所選收的僅僅是其代表作而已。

卷十三 陳譜：清末陳鑫太極拳論著（二）

太極拳經論〔一〕

自古混囤〔二〕之後，一畫初開，一陰陽而已。天地此陰陽，萬物亦此陰陽，惟聖人能葆此陰陽。以理御氣，以氣行理，施之於人倫日用之間，以至仰不愧天，俯不怍〔三〕人，而為天地之至人。要手〔四〕亦是以理為主，以氣行之，其用功與聖賢同。但聖賢所行者全體，此不過全體中之一端耳！烏足貴！

雖然，由一端以恆其功，亦未始不可以即一端以窺其全體。所以，平素要得以敬為主，臨場更得恭敬；平素要先養氣，臨場更要順氣而行。勿使有惰氣參，勿使有逆氣橫。至於用力之久，而一旦機趣橫生，妙理悉現，萬殊一本，豁然貫通焉！不亦快哉！

今之學者，未用功而先期效，稍用力而即期成。其如孔子所謂「先難後獲」何？問：工夫何以用？必如孟子所謂「必有事焉，而勿正，心勿忘，勿助長也〔五〕」而後可。理不明，延明師；路不清，訪良友；理明路清而猶未能，再加終日乾乾之功，進而不止，日久自到。

問：得幾時？小成則三年，大成則九年。至九年之候，可以觀矣！抑至九年之後，自然欲罷不能，蒸蒸日上，終身無住足之地矣！神手復起，不易吾言矣〔六〕！躁心者其勉諸〔七〕。

校記

〔一〕本卷皆為陳鑫所撰，以論文為主，共十二篇。本篇選自「鑫本」卷首第一二四頁。全文為「顧本」所未收輯，而「楨本」與「馨本」僅摘取語録。本篇實為陳鑫之重要論著，如文中所説「以理御氣，以氣行理」，「以敬為主」、「要先養氣」，「理明路清」、「終日乾乾」等語，都是貫串於陳鑫太極拳論中的原則。所謂「經論」，即原則之論也。

〔二〕「混囤」即「混沌」，謂世界未開闢前的景象。亦作「渾沌」。

〔三〕「怍」音作，慚愧的意思。全句語本孟子・盡心：「仰不愧於天，俯不怍於人。」

〔四〕「耍手」俗稱「玩拳」，亦叫「耍拳」，即練拳或借指練拳者，含有寓娱戲於鍛煉的意思。

〔五〕「**必有事焉，而勿正，心勿忘，勿助長也**」語見孟子・公孫丑上，其大意是説，必定要培養它，而不要有特定的目的，心中要記住莫忘，却又不可揠苗助長。句後「而後可」三字是陳鑫所說。

〔六〕「神手復起，不易吾言矣」這是古籍中的套語，强調自己文章中所説的是真理。

〔七〕「躁心者其勉諸」其，「鑫本」原作「易」，今據「楨本」之語録改。躁心者，急性子的人。勉諸，即「勉之乎！」諸，音朱，此處作語助辭，是「之乎」二字的連讀。

太極拳權論〔一〕

天地一大運動也。星辰日月垂象於天，雷雨風雲施澤於地，以及春夏秋冬遞運不已，一晝一夜循環無窮者，此天地之大運動也。

聖人一大運動也。區劃井田以養民生，興立學校以全民性，以及水旱、盜賊治理有方，鰥寡孤獨補助有法，此聖人之大運動也。

至於人之一身，獨無運動乎？秉天地元氣以生，萬物皆備於我；得聖人教化以立，人人各保其天。因而以陰陽五行得於有生之初者，為一身運動之本。於是，苦心志、勞筋骨，使動靜相生，闔闢互見，以至進退存亡，極窮其變，此吾身自有之運動也。

向使海内同胞，人人簡練揣摩〔二〕，不惰躬修，萬象森列，顯呈法象；又能平心静氣，涵養功夫，令太極本體心領神會，豁然貫通，將見理明法備，受益無窮：在我則精神强健，可久天年；在國則盜寇蕩除，可守疆域。内外實用，兩不蹈空。熙熙皥皥，永慶昇平，豈不快哉！運動之為用，大矣哉！

雖然，猶有進。蓋有行之運動，未若無形運動之為愈；而無形之運動，尤不若不運動、自運動者之為神。運動至此，亦神乎運動矣！則其運動之功，既與聖人同體，又與天地合德。渾渾穆穆，全泯跡象。亦以吾身還吾心之太極焉已耳！亦即以吾心之太極，還太極之太極焉已耳！豈復别有作用哉！妙矣哉，太極之為太極也！神矣哉，太極之為太極也！

愚妄以臆見，聊書數語，以冠其端，殊令方家之一笑云。

校記

〔一〕本篇採自「鑫本」卷首第一二五頁，別本極少轉輯，蓋以其為枯燥説教，或嫌其文理難懂。其實陳鑫本人却是很重視太極拳經論、經譜、權論、權譜這四篇文章的。其餘三篇既已收入本書，此篇自不宜不收。權，變通之意；權論，即權衡輕重而變通之論。本篇内「有行之運動」、「無形之運動」以及「不運動」、「自運動」等語，可結合陳鑫的有關拳論加以研究，而切忌混同常人的一般概念。否則將是難以理解的。

〔二〕「簡練揣摩」撮其精要的意思，語見戰國策「伏而誦之，簡練以為揣摩」。

太極拳推原解〔一〕

斯人父天母地，莫非太極陰陽之氣（言氣而理在其中。）蘊釀而生。天地固此理（言理而氣在其中。），三教歸一亦此理，即宇宙（太極是體，陰陽是體中之氣。四方上下曰「宇」，古今往來曰「宙」。）之萬事萬物，又何莫非此理！況拳之一藝，焉能外此理而另有一理？此拳之所以以「太極」名也〔二〕。

拳者，權也，所以權物而知其輕重者也！然其理實根乎太極，而其用不遺乎兩拳。且人之一身，渾身上下都是太極〔三〕，即渾身上下都是拳，不得以一拳目拳也！其樞紐在一心：

心主乎敬，又主乎靜。
能敬而靜，自葆虛靈。
天君有宰，百骸聽命。
動則生陽，靜則生陰。
一動一靜，互為其根。
清氣上昇，濁氣下降。
百會〔四〕、中極〔五〕，一體管鍵〔六〕。
初學用功，先求伏應〔七〕。

來脈轉關，一氣相生。
手眼為活，不可妄動。
其為氣也，至大至剛。
直養無害，充塞天地。
配義與道，端由集義。
渾灝流行，自然一氣。
輕如楊花，堅如金石。
虎威比猛，鷹揚比疾。
行同乎水流，止侔乎山立。
進為人所不及知，退亦人所莫名速。
理精法密，條理縷析。
放之則彌六合，卷之則退藏於密。
其大無外，其小無內。

中和元氣，隨意所之。
意之所向，全神貫注。
變化猶龍，人莫能測。
運用在心〔八〕，此是真訣！
不偏不倚，無過不及。
内以修身，外以制敵〔九〕。
臨時制宜，祇因素裕。
不即不離，不沾不脱。
接骨鬪筍，細心揣摩。
真積力久，升堂入室〔十〕。

校記

〔一〕本篇採自「鑫本」卷首第一二九頁，並以「楨本」、「馨本」參校。本篇前面是兩段論説文，第一段談太極拳命名之由來，第二段論證太極拳理之「根乎太極」。後面則是以四言為主（夾有五言兩句、六言一句和七言三句），共六十二句歌訣。

〔二〕「**斯人……，此拳之所以以太極名也**」此為「鑫本」所載本篇之第一段，已被「楨本」删去；「馨本」係據「楨本」轉抄，故亦無此第一段。

〔三〕「**渾身上下都是太極**」「馨本」脫漏一「都」字。

〔四〕「**百會**」人身經絡穴位名，在頭頂，是督脈要穴。乃「手足三陽、督脈之會」，故名「百會」。

〔五〕「**中極**」穴位名，在臍下四寸（等身寸），是任脈要穴。乃「足三陰、任脈之會」，又名「氣原」。

〔六〕「**一體管鍵**」「馨本」誤作「一體管健」。鍵誤作「健」。管，樞要也；鍵，關鍵也。言其重要而已矣！

〔七〕「**伏膺**」疑為「服膺」之省寫。服、伏二字可通。服膺，存於胸中，即不忘也。

〔八〕「**運用在心**」宋代抗金名將岳飛之名言：「運用之妙，存乎一心。」本句概括為「運用在心」四字。而其下所謂「真訣」，當亦是指此而言。

〔九〕「外以制敵」「馨本」誤作「外以致敵」。

〔十〕「心主乎敬，……升堂入室」此六十二句歌訣，在民間有單行的手鈔本，題名為：陳品三撰太極拳用功要言。

太極拳著解〔一〕

人之一身，心為主而宰乎肉。心者，謂之道心，即理心也。然理中能運動者，謂之氣。其氣，即陰陽五行也。然氣非理無以宰，而理非氣無以行，故理與氣不相離而相附，此太極根無極者然也。

天之生人，即以此理、此氣生於心。待其稍有知識，而理、氣在人心者，渾然無跡象。然心之中或由內發，或由外感，而意思生也。

當其未生，渾渾沌沌〔二〕，一無所有。及其將生，其意微乎其微，而陰陽之理存乎其中。順其自然之機，即心構形，仍在人心之中，即中庸所謂未發也。及其將發，而心中所構之形，呈之於外。或上或下，或左或右，或前或後，或偏或正，全體身法無不俱備。當其未發，構形之時，看其意像什麽形，即以什麽命名。亦隨意拾取，初無成心。是時即形命名之謂「著」。而每著之中，五官百骸順其自然之勢，而陰陽五行之氣運乎其中，所謂「動則生陽，靜則生陰；一動一靜，互為其根。」〔三〕是所謂「陽中有陰，陰中有陽。」此即太極拳之本。然如以每著之中，必指其何者為陽？何者為陰？何者為陽中之陰？何者為陰中之陽？此言太滯，言之不勝其言；即能言，亦不無遺漏。是在學者細心揣摩，日久自悟。

前賢云：「能與人規矩，不能使人巧。」〔四〕舉一反三，在學之者；不可執泥，亦不可偏狃。

校記

〔一〕本篇採自「鑫本」卷首第一三一頁。本文中的「著」字，同「着」，即着法。

〔二〕「**渾渾沌沌**」 「鑫本」原文作「渾渾混混」，似為刊刻之差訛，故予訂正。

〔三〕「**動則生陽，靜則生陰；一動一靜，互爲其根**」 語見本卷太極拳推原解。此語實本於宋代周敦頤太極圖說：「太極動而生陽，動極而靜，靜而生陰；靜而復動，一動一靜，互為其根。」

〔四〕「**能與人規矩，不能使人巧**」 語見孟子・盡心：「梓匠輪輿，能與人規矩，不能使人巧。」梓匠，即木匠。輪輿，造輪與造車。

太極拳用說〔一〕

五行生剋，無處不有，無時不然。如兩人交手，敵以柔來者，屬陰，陰當以陽剋之；屬水〔二〕，水當以火剋之，此當然之理。勢也，人所易知者也！獨至於拳，則不然：運用純是經中寓權，權不離經。

何言乎爾？彼以柔來者，是先以柔精（勁）〔三〕聽忖也。我如何答應，而後乘機擊我。我以剛應，是我正中其謀，愚莫甚也！

問：該如何應答？彼以柔法聽我（以胳膊聽我，非以耳聽也！）我以柔法聽彼。拳各有界，彼引我進，我祇可至吾界邊；不可再進，再進則失勢。如曰：「不入虎穴，焉得虎子？」是以天生大勇者論之，非為常人説法也！即為大勇，亦為涉險。

問：該如何處置？如彼引吾前進，未出吾界即變為剛，是彼懼我而變柔為剛，是不如我者也！我當以柔克之。半途之中，生此變態，我仍是以柔道之引進落空者〔四〕，擊之。

如彼引我已至吾界，是時正宜窺彼之機勢，視彼之形色，度彼之魂力；如有機可乘，吾即以柔者忽變而為剛，擊之。此之謂「以剛克柔」、「以火剋水」。

如彼中途未變其柔，交界之際，强為支架，亦宜擊之。

如彼引我至界，無隙可乘，彼之柔精（勁）如故，是勁敵也，對手也！

不可與之相持，吾當退守看吾門户。先時，我以柔進聽之者，至此吾仍柔道聽之，漸漸而退，仍以柔道引之使進。彼若不進，是智者也！彼若因吾引而遽進，誤以我怯，冒冒然或以柔來，或中途忽以柔變為剛來。我但稍底其手〔五〕，徐徐引之使進，且令其不得不進，至不得勢之時，彼之力盡矣，彼之智窮矣，彼之生機更迫促矣！是時，我之柔者忽變而為剛，並不費多力，一轉即克之矣！是時，彼豈不知孤軍深入難以取勝，然當是時悔之不及。進不敢進，進亦敗；退不敢退，退亦敗；即不進不退，亦至於敗。

蓋如士卒疲弊，輜重皆空，惟束手受縛，降服而已矣，何能為哉！擊人之妙，全在於此！此之謂「以柔克剛」、「以水剋火」〔六〕，仍是五行生剋之道也〔七〕！

天一生水，水外陰而内陽，外柔而内剛，在人屬腎〔八〕。其以柔進如水之波流旋繞，不先尚其力，用其智也！

地二生火，火外陽而内陰，外剛而内柔，在人屬心。水火有形而無質。

天三生木，地四生金，則有形有質矣！天五生土。

水火勢均者不相下，言以勝水者，以火之多於水者言之耳！彼以柔進，忽變而為剛者，是水之所生之木也。木陽質也，即水中之陽性，因滋以成質者也。水與木本自一串，故柔變剛最易，以其形與質皆屬陽也。

上言「以火剋水」，蓋以火能生土，土能生金。火外明而內暗，陰性也。金，陰所成之質也。木，在人屬肝。金，在人屬肺。天下能克木者惟金，金與火皆陰類也。所言「以剛克柔」者，是「以火剋水」、「以金剋木」也。是以其外者言之，火性激烈，金質堅硬。心火一起，脾氣動也。怒氣發洩於外，有聲可聽，金為之也。脾氣動，則我之肝與腎無不與之俱動，雖曰「以剛克柔」，其原實是「以柔克剛」。蓋彼先柔而後剛，我是柔中寓剛，內文明而外柔順，故克之。

若彼以剛來，則制之又覺易。易何言之？如人來擊我，其勢甚猛。我則不與之硬頂，將肱與身、與步，一順身卸下，步、手落彼之傍面，讓過彼之風頭。彼之銳氣直往前衝，不顧左右；且彼向前之氣力，陡然轉之左右，甚不容易。我則從傍擊之，以我之順力，擊彼之橫而無力。易乎不易？吾故曰：克剛易，克柔難！

校記

〔一〕本篇採自「鑫本」卷首第一四三至一四五頁。原書目錄上的篇題誤排為太極用拳說，今以內文的篇題為準。

〔二〕「**屬水**」省一「柔」字，意即「柔屬水」。全句則含有「柔屬陰、屬水」之意。故曰「以陽剋之」、「以火剋之」。

〔三〕「**柔精（勁）**」陳鑫著作中凡述及內勁，多以「精」字代「勁」。此處「柔精」即「柔勁」。為了既便於讀者閱讀，又能保持陳著原貌，故特在內文有關的「精」字下，用括號註明「勁」字，以資區別。以下均依此，不再逐一說明。

〔四〕「**我仍是以柔道之引進落空者**」本句中「道」同「導」，即「導引」或「引導」的意思。作動詞解，而不是名詞，切勿誤作「柔道」或「導引術」解。後文「至此吾仍柔道聽之」、「仍以柔道引之使進」，句中的「道」字均同此，不另說明。

本句中的「引進落空」四字是太極拳專用的術語，語出清代王宗岳打手歌。

〔五〕「稍底其手」 此句「底」通「低」，即「稍低其手」。

〔六〕「以水剋火」 「鑫本」原文作「以火剋水」，疑為排印差訛所致。可據句前「以柔克剛」等語的文理加以辨析。

〔七〕「仍是五行生剋之道也」 「鑫本」原文脫一「行」字，已予補正。

〔八〕「在人屬腎」 「鑫本」原文脫漏「在人」二字，今比照後文「在人屬心」、「在人屬肝」、「在人屬肺」等句，在「屬腎」之上補入「在人」二字。

界限〔一〕

何謂「界限」？凡分茅胙土〔二〕、設官分職，以及動靜語默，莫不各有界限。一踰分，一失言，即過界。過界，即與人有干涉矣！凡事如此，況拳乎？如人之行步，儘足可開二尺五寸。此勉强為之，非天然也！天然者，隨便行步，約不過尺一、二寸。上體之手，與下體之足趾齊，此即是界限。大約胳膊衹展四、五分，内精（勁）衹用一半，足步衹開尺餘。如此則一身之上下左右，循環周轉，無不如意。

蓋動不越界，如將士在本界内，山川地理、人情風俗，一一了亮於心。故進攻退守，綽有餘地。一入他人界裏，處處更得小心防護，稍有不密，即萌失敗之機。此君子所以思不出其位也！

打拳原為保身之計。故打拳之時，如對敵人，長進愈快。然又恐啓人爭鬬之心，故前半套多言規矩，不言其用；至後半套方始痛快言之，以示其用之之法。然第可知之，不可輕試。如不獲已，為保性命計，用之可也！

大約此拳是個人自耍之勢，徒手空運，非有敵人在其前後左右也。自己下功夫，遍數愈多愈好！根本固而枝葉榮〔三〕。況衛生保命之道，莫善於此。

學者但「先難」可也，至於「後獲」〔四〕，則當置之度外。不可以毫髮望效之念，中分吾專心致志之功。金針己渡，學者勉旃〔五〕！

校記

〔一〕本篇採自「鑫本」卷首第一四六頁。

〔二〕〔**胙土**〕胙音作，賞賜也。胙土，即賞賜土地。借喻封建時代的分封制而言。

〔三〕〔**根本固而枝葉榮**〕「鑫本」原作「根末固而枝葉榮」，明顯有誤，特予訂正。

〔四〕〔**先難……後獲**〕本卷太極拳經論亦談到：「其如孔子所謂『先難後獲』何？」「先難後獲」，語見論語·雍也：「仁者先難而後獲」。難，指經受勞苦和艱難曲折。先勞苦，而後才有收獲。形容不坐享其成。故陳鑫反覆告誡初學者：不可未用功或稍用功就期望獲得成效；反之則會因產生這類雜念而使自己分心。他强調祇顧「先難」，而把「後獲」置之度外。這是不無道理的！

〔五〕〔**勉旃**〕旃，同旃，音沾。此處專用為語助辭，相當於「焉」或「之」（分別見於小爾雅廣訓與廣雅釋言），而實際上是「之焉」二字之合讀（見一九三七年商務印書館初版國語辭典），如詩經「尚慎旃哉」，末二字作「之焉哉」解。由此説明，「勉旃」即「勉之焉」。與古代漢語中「勉諸」等詞是相類的。

爭走要訣〔一〕

兩人交手〔二〕，各懷爭勝之心。彼此擠到十分九釐地位，衹餘一釐，分勝負全在此一釐地位：彼先佔據，我即失敗；我先佔據，彼亦失敗。蓋得勢不得勢全繫於此，此兩人俱到山窮水盡也。

當此際者，該如之何？

曰：必先據上游。

問：如何據上游？

頂精（勁）領住中氣，手略提高，居於敵手之上。身略前侵逼，迫彼不得勢。力貴迅發，機貴神速；一遲即失敗，一迅疾即得勢。勢得則手一前送，破竹不難矣！如兩人對弈，棋到局殘，勝負在此一步；又如逐鹿，惟高才捷足者先得之，又如兩國興兵，先奪其輜重糧草。此皆據上游監腦〔三〕之法也！故平素打拳全在一起、一轉，所謂「得勢爭來脈，出奇在轉關。」本勢手將起之時，必先使手如何承住上勢，不令割斷神氣血脈。既承接之後，必思：手如何得機、得勢？來脈真，機勢得，轉關自然靈動。能如此，他日與人交手，自能身先立於不敗之地，指揮如意。來脈轉關，顧可忽乎哉！

校記

〔一〕本篇採自「鑫本」卷首第一四七頁，為卷首之末篇。

〔二〕**「兩人交手」**「鑫本」原文錯排成「兩人手交」。今參照後文「他日與人交手」一語，據以訂正。

〔三〕［盬腦］盬，音古，閒暇之意。盬腦，即省心之謂也。

太極拳纏絲精論〔一〕

太極拳，纏絲法也。進纏、退纏，左右纏，上下纏，裏外纏，大小纏，順逆纏。而要莫非即引即纏，即進即纏；不能各是各着，若各是各着，非陰陽互為其根也！

世人不知，皆目為軟手，是一外面視之〔二〕，皆跡象也。若以神韻論之，交手之際，剛柔並用，適得其中。非久於其道者，不能澈其底蘊。

兩肩鞸下〔三〕，兩肘沉下。秀若處女見人，肆若猛虎下山。手即權衡稱物，而知其輕重。

打拳之道，吾心中自有權衡，因他之進退緩急，而以吾素練之精神臨之，是無形之權衡也。以無形之權衡，權有形之跡象，宜輕宜重，而以兩手斟酌，適得其當，斯為妙手！

校記

〔一〕本篇採自「鑫本」卷首第七十四頁。所謂「纏絲精論」，實即「纏絲勁論」。陳鑫以「精」字代替内勁之「勁」字，寓有内勁乃精氣之所主的意思。本篇連原有的篇題在内，共二〇九字，比「績本」所載的太極拳發蒙纏絲勁論少八七字。但從内容分析，本篇顯係後篇增删修訂的基礎。

〔二〕**「是一外面視之」**第二字「一」，古文中可作「乃」解。故並非訛字。

〔三〕**「軃下」**軃，音朵，垂也。軃下，也即垂下的意思。

太極拳發蒙纏絲勁論〔一〕

太極拳，纏法也。纏法如螺絲形運於肌膚之上。平時運動，恒用此勁，故與人交手，自然此勁行乎肌膚之上而不自知。非久於其道，不能也！其法有進纏、退纏，左纏、右纏，上纏、下纏[二]，裏纏、外纏，順纏、逆纏，大纏、小纏。而要莫非以中氣行乎其間，即引即進，皆陰陽互為其根之理也！

或以為軟手。手軟何能接物應事？若但以跡象視之，似乎不失於硬，故以為軟手。

其周身規矩：頂勁上領，膪勁下去（要撐圓，要合住。）；兩肩松下，兩肘沉下；兩手合住，胸向前合；目勿傍視，以手在前者為的；頂不可倒塌[三]，胸中沉心靜氣；兩膝合住勁，腰勁下去；兩足常用鈎勁，須前後合住勁。外面之形，秀若處女，不可帶張狂氣；一片幽閒之神，盡是大雅風規。

至於手中，其權衡皆本於心，物來順應，自然合進退、緩急、輕重之宜。此太極之陰陽相停，無少偏倚，而為開闔之妙用也！其為道豈淺鮮哉！

校記

〔一〕本篇原載於「績本」的陳鑫著作部份。「顧本」、「楨本」相繼收輯，但「顧本」篇題少「發豢」二字。原文中的「精」字，各本均已改作「勁」，今因之。本篇連篇題共二一九六字，其篇幅比「鑫本」所載的太極拳纏絲精論多八七字，文字亦較「鑫本」通俗些。從內容分析，本篇明顯地是據太極拳纏絲精論一文增刪修訂而成的，但不知是陳鑫自行修訂，抑是後人所為？以上兩篇雖繁簡不同，但精神是一致的，可相互參讀研究，故一併收録。

〔二〕「**上纏、下纏**」「顧本」脱漏此四字。

〔三〕「**倒塌**」「顧本」作「倒㙮」。

搗手十六目〔一〕

一、較：是較量高低。

二、接：是兩人以手相接也〔二〕。
三、沾：是手與手相沾，如「沾衣欲濕杏花雨」之「沾」〔三〕。
四、黏：如膠漆之黏，是人既沾我手，不能離去〔四〕。
五、因：是因人之來。
六、依：是我靠住人身〔五〕
七、連：是手與手相接連。
八、隨：是隨人之勢以為進退。
九、引：是誘之使來，牽引使近於我〔六〕。
十、進：是令人前進，不使逃去〔七〕。
十一、落：如落成之「落」，簷水下滴於地；又如葉落於地〔八〕。
十二、空〔九〕：宜讀去聲。人來欲擊我身，而落空虛之地。
十三、得：是我得機、得勢〔十〕。
十四、打：是機勢可打，乘機打之〔十一〕。

十五、疾（十二）：是速而又速。稍涉延遲，即不能打。機貴神速。

十六、斷（十三）：是決斷。一涉游疑，便失機會，過此不能打矣！

校記

（一）本篇與後面一篇擖手三十六病，原為「鑫本」原稿所有，却又為一九三三年河南開明印刷局出版發行的「鑫本」所未載者。究其原因乃是：一九三二年初，陳子明應唐豪之約，一同去溫縣陳家溝時，子明從陳鑫原稿中抽取這兩篇文章，携歸並輯入其所撰寫的陳氏世傳太極拳一書，該書於當年即出版於上海。次年，河南關百益等人集資出版「鑫本」時，因故未補入此兩篇。後出的「績本」（一九三五年）、「楨本」（一九六三年）均全文收輯了這兩篇，而「午本」祇輯錄其十四目，文字上亦有較大的刪改，並易其題名為推手應注意各點。（詳請參閱沈壽：太極推手要訣「十六目」淺說，載於一九八七年體育文史雜誌第二期第三十七至三十八頁。）

擖手，即推手之別名。所謂「十六目」，即：「較接沾黏，因依連隨，引進落空，得打疾斷」十六字訣。其每一字下面的註解，均係原註。

〔二〕「是兩人以手相接也」「楨本」少一「以」字。「午本」相接作「相搭」。

〔三〕「沾」此處原文作「沾」。而在太極拳舊著（繁體字本）中，「沾」、「粘」兩字往往是通用的，但其音義皆同「沾」，讀如占；而「粘」、「黏」二字却是不通用的。這情形與簡體字的版本是恰恰相反的。後者「沾」、「粘」兩字在專著中是不通用的，「粘」讀如年，相當於太極拳繁體字舊著中的「黏」字。因極易誤讀，故反覆説明。

〔四〕「是人既沾我手，不能離去」「午本」作「是人既黏住我手，則不能脱」。此條原註中的「相沾」二字，「午本」作「沾住」。

〔五〕「人身」「午本」作「人之身」。

〔六〕「是誘之使來，牽引使近於我」「午本」全句簡化為「牽引誘之使來」。

〔七〕「不使逃去」「午本」無此四字。

〔八〕「如落成之落，……又如葉落於地」「午本」全句簡為：「如落葉之落」。

〔九〕「空」「午本」註文全句作「是空虛處。」

〔十〕「是我得機得勢」「午本」作「得機，得其機勢。」

〔十一〕〔是機勢可打，乘機打之〕「午本」作「即擊即就也。我既得勢，不可失時，得打就打。」

〔十二〕〔疾〕「午本」無此目。

〔十三〕〔斷〕「午本」無此目。「午本」共少「疾」、「斷」二目，成了十四目。而且其「十四目」的排列次第為「較接沾因，黏依連進，隨引落空，得打」。説明各目的次序被變動後，已經無法連讀成句了。

擖手三十六病〔一〕

一、抽：是進不得勢，知己將敗，欲抽回身。

二、拔：是拔去，拔回逃走。

三、遮：是以手遮人。

四、架：是以胳膊架起人之手。
五、搕打：如以物搕物而打之。
六、猛撞：突然撞去，冒然而來，恃勇力向前硬撞；不出於自然，而欲冒然取勝。
七、躲閃：以身躲過人手，欲以閃賺跌人也。
八、侵凌：欲入人之界裏而凌壓之也。
九、斬〔一〕：如以刀斫物〔二〕。
十、摟：以手摟人之身。
十一、搢：將手搢下去。
十二、搓：如兩手相搓之搓，以手肘搓敵人也。
十三、欺壓：欺是哄人，壓是以我手强壓住人之手。
十四、掛：是以手掌掛人，或以彎足掛人。
十五、離：是去人之身，恐人擊我。

十六、閃賺：是誆愚人而打之。
十七、撥：是以我手硬撥人。
十八、推：是以手推過一傍。
十九、艱澀：是手不熟成〔四〕。
二十、生硬：仗氣打人，帶生以求勝。
二十一、排：是排過一邊。
二十二、擋：是不能引，以手硬擋。
二十三、挺：硬也。
二十四、霸：以力後霸也。如霸者以力服人。
二十五、騰：如以右手接人，而復以左手架住人之手，騰開右手以擊敵人。
二十六、拏〔五〕：如背人之節以拏之。
二十七、直：是太直率，無纏綿曲折之意〔六〕。

二十八、實：是質樸，太老實，則被人欺。

二十九、鈎：是以脚鈎取。

三十、挑：從下往上挑之。

三十一、掤：以硬氣架起人之手，非以中氣接人之手。

三十二、抵：是硬以力氣抵抗人。

三十三、滚：恐己被傷，滚過一傍。又如圓物滚走。

三十四、根頭棍子：是我捺小頭，彼以大頭打我。

三十五、偷打：不明以打人，於人不防處偷打之。

三十六、心攤：藝不能打人，心如貪物探取，打人必定失敗。

以上三十六病，或有全犯之者，或有犯其四、五，或有犯其一、二者。有犯干〔七〕處，皆非成手；手到成時，無論何病一切不犯。益以太和元氣，本無乖戾故也。

然則搊手將如之何？亦曰：人以手來，我以手引之使進，令其不得勢擊，是之謂「走」。走者，「引」之別名。何以既名「引」，又名「走」？引者，誘之使進，走者，人來我去，不與頂勢，是之謂「走」。然走之中，自帶引進之勁（功純者引之使進，不敢不進，進則我順人背，而擒縱在我。）。此是拳中妙訣，非功久不能也〔八〕！

校記

〔一〕本篇係陳鑫所著。攬手三十六病，指的是推手運動中易犯的三十六種錯誤，包括動作、着法、勁力，以及心理狀態等諸方面的錯誤。各目下的註解和篇末的跋文都是原有的。餘請參閱本卷攬手十六目一文之校記〔一〕。

〔二〕「**斬**」原文作「⿱斬手」，異寫。原文表示以小指一側的掌緣斬人，而非以刀斬人。故註曰：「如以刀斫物。」

〔三〕「**斫物**」「楨本」誤作「听物」。當是因斫字與簡體字「听」字形近而筆誤，或因排印差訛所致。

〔四〕「**不熟成**」與「不成熟」同義。

〔五〕「拏」音拿，其含義有二：一與「拿」同，一作「牽引」解。

〔六〕「無纏綿曲折之意」「楨本」作「無綿纏曲折之意」，以「纏綿」為是。

〔七〕「犯干」即「干犯」。冒犯、侵犯的意思。

〔八〕「非功久不能也」「楨本」無末尾的「也」字，今據「午本」補入。

擖手三十六病一文中，有單字二十五目；双字十目；四字一目。現為便於閱讀研究，特依字數分列如下：

單字：抽，拔，遮，架，斬；

摟，搢，搓，掛，離；

撥，推，排，擋，挺；

霸，騰，拏，直，實；

鈎，挑，掤，抵，滾。

双字：搕打，猛撞，躲閃，侵凌，欺壓；閃賺，艱澀，生硬，偷打，心攤。

四字：根頭棍子。

學拳須知（一）

一、學太極拳不可不敬。不敬則外慢師友，內慢身體。心不斂束，如何能學藝！

二、學太極拳不可狂。狂則生事。不但手不可狂，即言亦不可狂。外面形跡，必帶儒雅風氣；不然狂於外，必失於中。

三、學太極拳不可滿。滿則招損。俗語云：「天外還有天。」能謙則虛心受教，人誰不樂告之以善哉！積衆善以為善，善斯大矣！

四、學太極拳着着當細心揣摩。一着不揣摩，則此勢機致、情理，終於茫昧。即承上啟（二）下處，尤當留心。此處不留心，則來脈不真，轉關亦不靈動，一着自為一着，不能自始至終一氣貫通矣！不能一氣貫通，則於太和元氣，終難問津！

五、學太極拳先學讀書。書理明白，學拳自然容易。

六、學太極拳學陰陽開合而已。吾身中自有本然之陰陽開合，非教者所能增損也！復其本然，教者即止（教者教以規矩，即大中至正之理。）。

七、太極拳雖無大用處，然當今之世，列强爭雄，若無武藝，何以保存？惟取是書演而習之，於陸軍步伐止齊之法，不無小補。我國苟人人演習，或遇交手仗，敵雖强盛，其奈我何！是亦保存國體之一道也！有心者，勿以芻蕘之言〔三〕棄之。

八、學太極拳不可借以為盜竊搶奪之資。如借以搶奪，是天奪之魄，鬼神弗佑，而况人乎？天下孰能容之！

九、學太極拳不可陵厲〔四〕欺壓人。一陵厲欺壓，即犯衆怒，罪之魁也！

校記

〔一〕本篇採自「鑫本」卷一之首篇（第一四八至一四九頁），共九條。原文無序號，各條皆冠以

「一」字。今為分清條目次第，特更為序號。其中第七條無「學太極拳……」字樣的小標題，疑為編訂脱漏所致。

〔二〕［**承上啟下**］「鑫本」原文作「承上起下」，義无不同。

〔三〕［**芻蕘之言**］芻蕘，音除饒，刈草採柴之人。詩經有「詢于芻蕘」句。後人謙稱自己的議論曰「芻蕘之言」。

〔四〕［**陵厲**］即凌厲，迅猛直前的意思。因而疑原文為「陵辱」之筆誤，或係排印差訛所致。

卷十四　附録：太極拳譜序跋等文獻

手寫自藏本太極拳譜題記（一）

李亦畬

此卷予手訂三本：啟軒第一本（二），給友人郝和一本，此本係予自藏。

前數條諸公講論精細，殆無餘蘊；後又參以鄙見，反覆説來，惟恐講之不明，言之不盡。然非口授入門，雖終日誦之，不能有裨益也。

光緒辛巳年〔三〕　亦畬手訂

校記

〔一〕本篇據一九六四年夏，河北省永年縣姚繼祖致顧留馨函。姚自稱為李亦畬之次子寶驤（字遜之）的學生，他曾目睹亦畬的自存本。此篇題記係寫在「該譜正文前」云云。詳見「馨本」第三八四至三八五頁。本篇題名，則為本書點校者所加。

〔二〕「**啟軒第一本**」「馨本」原文如此。疑為「啟軒弟一本」之誤。因其下各句未言「第二本」或「第三本」。啟軒是亦畬之弟，而所稱「友人郝和」，實是亦畬之門生。因未見原件，故祇能存疑而已。

〔三〕「**光緒辛巳年**」即光緒七年，公元一八八一年。「馨本」引文中誤作「光緒辛己年」，「巳」誤作「己」。

王宗岳太極拳譜跋〔一〕

李亦畬

此譜得於舞陽縣鹽店。兼積諸家講論，並參鄙見。有者甚屬寥寥，間有一、二者，亦非全本。自宜珍而重之，切勿輕以予人。非私也，知音者少；可予者，其人更不多也。慎之！慎之！

光緒辛巳〔二〕中秋念三日　亦畬氏書

校記

〔一〕本篇採自唐豪行健齋隨筆（一名手臂餘談）一書中所載：李亦畬手抄太極拳譜及跋一文，並與「馨本」第三八五頁有關引文作了校勘。唐豪在上文中說：「亦畬手寫譜，見存太極拳家郝少如處，徐哲東已録入其行將出版之太極拳考信録中。又亦畬太極拳小序云：『太極拳不知始自何人？」譜中亦無「武當山真仙張三丰老師遺論」等註。可證太極拳附會於張三丰，乃光緒七年以後事。」郝少如是郝和之孫，其生前所存「郝本」，即李亦畬題記中所說的「給友人郝和一本」。

〔二〕「光緒辛巳」「馨本」引文中誤作「光緒辛己」。「光緒辛巳中秋念三日」，為公元一八八一年十月十五日。中秋，即「仲秋」，此處並非專指八月十五日的中秋節。

太極拳小序〔一〕

李亦畬

太極拳不知始自何人〔二〕？其精微巧妙，王宗岳論詳且盡矣！後傳至河南陳家溝陳姓，神而明者，代不數人。我郡南關楊某〔三〕，愛而往學焉。專心致志十有餘年，備極精巧〔四〕。旋里後，市諸同好〔五〕。母舅武禹襄見而好之，常與比較。伊不肯輕以授人〔六〕，僅能得其大概〔七〕。素聞豫省懷慶府趙堡鎮有陳姓名清平者〔八〕，精於是技。逾年，母舅因公赴豫省，過而訪焉。

研究月餘，而精妙始得，神乎技矣！

予自咸豐癸丑〔九〕，時年二十餘，始從母舅學習此技。口授指示，不遺餘力。奈予質最魯，廿餘年來，僅得皮毛。竊意其中更有精巧。茲僅以所得筆之於後，名曰「五字訣」，以識不忘所學云。

光緒辛巳中秋念六日〔十〕　亦畬氏謹識

校記

〔一〕本篇採自「郝本」，並與「李本」、「馬本」等相互校勘。「李本」為亦畬自存本，其所收此篇序末所署為「清光緒六年歲次庚辰小陽月識」，比「郝本」早寫一年整，其篇題作五字訣序。而「馬本」篇題太極小序，序末題「丁卯端陽日亦畬李氏識」。體育史家唐豪認為：「亦畬有生之年，祇逢一丁卯，則此序初稿當作一八六七年（同治六年）。」而太極拳研究一書，有兩處誤將同治六年丁卯錯寫為「一八八〇年」（見該書第一五三頁與第一六一頁的唐豪附識）。「馬本」即馬印書鈔本，印書字同文，為亦畬之姨甥，生於同治五年丙寅（一八六六年），而太極拳研究一書第一六八頁誤作「一八七〇年（同治五年丙寅）」。不過，「馬本」的太極小序因何早於「李本」、「郝本」達十三、四年之久，而且寫本日期比馬印書的年紀祇少了一歲，由此猜想：「丁卯」會否是「己卯」或「丁丑」之誤？存疑待考。

〔二〕**「太極拳不知始自何人」**「馬本」作「太極拳始自宋張三丰」。唐豪認為：「亦畬始取禹襄附會（張三丰）之說，而終改之。」這就是唐所推斷「李本」、「郝本」之所以改作「不知始自何人」的原因了。

〔三〕**「我郡南關楊某」**「馬本」作「我郡南關楊某老祿」。老祿也即楊祿禪。「李本」作「我郡南關楊君」。

〔四〕**「備極精巧」**「馬本」作「備極精妙」。

〔五〕**「市諸同好」**「卞本」作「示諸同好」。

〔六〕**「伊不肯輕以授人」**「李本」作「彼不肯輕以授人」。「馬本」作「伊亦不肯輕以授人」。

〔七〕**「僅能得其大概」**「馬本」、「郝本」皆如此，「李本」省一「能」字，作「僅得其大概」。

〔八〕**「素聞豫省懷慶府趙堡鎮有陳姓名清平者」**「李本」、「郝本」皆如此，「卞本」全句少一「府」字，當係據「郝本」轉抄時脱漏的。「馬本」無「懐慶府」三字，清平作「清萍」。

〔九〕［咸豐癸丑］即咸豐三年癸丑，為一八五三年。

〔十〕［光緒辛巳中秋念六日］即一八八一年十月十八日。光緒辛巳，即光緒七年。「馨本」第三八六頁鉛印本誤將「辛巳」作「辛己」。而「中秋」為亦畬原文，即仲秋，可通。

廉讓堂本太極拳譜序〔一〕

李福蔭〔二〕

太極拳獨為世人所推崇者何也？細審此譜可以知之矣！云：「腹鬆氣斂，心静神舒。」無不合乎養生之道、衛生之理！「虚領頂勁，氣沉丹田。」「氣向下沉，勁起於脚根。」是將己之重心移至下部而穩立之理也！

「立如平準，活似車輪；偏沉則隨，雙重則滯。」是己之支點衹要一個而槓桿之理也！

「氣宜鼓盪，神宜內斂。兩手支撑，一氣貫串。以意運氣，以氣運身。」「一動無有不動，一靜無有不靜。」「觸之則旋轉自如，無不得力。」是全身練成一個氣球，使富有彈性且易轉動之理也！

「不丢不頂，隨曲就伸。粘連黏隨，引進落空。」「左重則右虛，右重則左杳。」「仰之則彌高，俯之則彌深。」是利用彼力之慣性，而使其失平衡之理也！

「勁起於脚根，主於腰間，形於手指，發於脊骨。」「曲中求直，蓄而後發。」「蓄勁如張弓，發勁如放箭。」則彈性之理，而又動能與勢能之理也！

「彼不動，己不動；彼微動，己先動。」「彼有力，我亦有力，我力在先；彼無力，我亦無力，我意仍在先。」「人一挨我，我不動彼絲毫，趁勢而入，接定彼勁，彼自跌出。」是以柔克剛，不動聲色，既合乎科學之理，而又洽乎謙遜之道〔三〕。

由此觀之，太極拳者，係本科學之理練己身，並於謙遜之中勝敵人。精微奥妙有如此者，其為世人所推崇，豈偶然哉？練之熟，則可以健其身；練之精，則可以通其神。惟練之熟則甚易，而練之精則甚難耳！

先伯祖亦畬公，從武太祖舅父禹襄公習此技，先祖啟軒公亦從之學。歷數十年，精妙始得，各有著述。先嚴獻南公、先叔信甫公均得家傳，日日練之，至老不懈。惟我家素以誦讀為業，總未以此問世。然遠近知之者，亦大有人在，求拜門下者甚衆。本邑郝和、清河葛福來，均從先伯祖學；南宮馬靜波、清河葛順成，均從先祖學。

光緒戊戌，西林岑旭階太守來守此邦，延先嚴、先叔授渠諸公子。時福蔭年方七齡，亦從學焉。福蔭除受家訓外，更受教於師伯郝和。年稍長，求學異地，未能專心於此，以致無所成就，至以為憾！

近年來，習此術者甚衆。于是，向吾家討秘本者有之；向福蔭請教益者有之；外間鈔本過多，文字間略有不同，因生疑竇，就吾質正者亦有之。各方求知之切，竊自欣慰。

細檢家藏各本，文字間亦不相同，章篇或此前而彼後，或此多而彼少。緣先伯祖精求斯技，歷四十年，輯本非祇一册，著述屢有删改。外間鈔本因時間之不同，自難一致耳！先伯祖最後親筆工楷手鈔共三本：一交先祖啟軒公，現已殘缺；一交門人郝和，現存伊子文桂〔四〕手；先伯祖自留一本，現存十一叔父遜之公〔五〕手。此皆完璧也！至於先伯祖屢次自編原稿，則為十叔父石泉公、十一叔父遜之公所珍藏〔六〕。

今擇其詳盡者〔七〕，釐定次第，原文之中未敢增改一字。以福蔭之功夫未到，不敢妄加解説也！願世之好者悉心研究，發揚光大，幸甚！幸甚！

甲戌臘月廿四日〔八〕

永年李福蔭叙

校記

〔一〕本篇原係唐豪據一九三八年戊寅夏節武一如所鈔廉讓堂石印本（即「李本」）轉録。

〔二〕李福蔭為李啟軒之孫，其父名獻南。啟軒名承綸，行二，為亦畬之胞弟。福蔭在本序文中自稱「光緒戊戌，……時福蔭年方七齡，」由是推之，他約生於光緒十八年壬辰，即一八九二年。

〔三〕以上各段引文，主要引自清代王宗岳、武禹襄和李亦畬三人著作，一般可從「李本」中找到。這裏不再一一註明了。

〔四〕〔**文桂**〕郝和之子郝文桂（一八七七——一九三五），字月如，晚年曾授拳於鎮江、南京等地。病逝於南京，享年五十九虛歲。

〔五〕〔**十一叔父遜之公**〕遜之係李寶驤之字，李亦畬之次子，福蔭之堂叔。「十一」是堂房兄弟間的排行。

〔六〕〔**細察家藏各本，文字間……珍藏**〕此段除第一句「細檢家藏各本」六個字外，其餘一百四十九字為武一如鈔本所無，而是據三十年代山西國術體育旬刊第一卷、第十九期補入。唐豪認為：此一百四十九字，「當出福蔭後删」。即原有而後删之。由於這段文字頗能說明亦畬輯寫太極拳譜的實情，故特予補入。

〔七〕〔**今擇其詳盡者**〕本句的「今」字為本書點校者所加。原因是補入上述一百四十九字之後，如無「今」、「玆」、「現」一類詞予以連接，則上文與本句之間語氣中斷而難以讀通。說明原本必有此一字。

〔八〕〔甲戌臘月廿四日〕即一九三五年一月二十八日。

先王父廉泉府君行略〔一〕

武萊緒

先王父諱河清，姓武氏，字禹襄，號廉泉，永年人。性孝友，尚俠義。廩貢生，候選訓導。兄弟三人：長澄清，咸豐壬子進士，河南舞陽縣知縣；次汝清，道光庚子進士，刑部員外郎；瞻材亮跡，並聲於時，先王父其季也。先王父博覽書史，有文炳然，晃晃埒伯仲，而獨擯絶於有司，未能以科名顯。然以才幹志行，為當道所器重。咸豐間，呂文節公賢基，肅書幣邀贊戎機，以母老辭；尚書毛公昶熙、巡撫鄭公元善，又皆禮辟〔二〕，不就。惟日以上事慈闈，下課子孫，究心太極拳術為事。

初，道光間，河南温縣陳家溝陳姓有精斯術者，急欲往學。惟時設帳京師，往返不便，使里人楊福〔三〕先往學焉。嗣後，先王父因事赴豫，便道過陳家溝，又訪趙堡鎮陳清萍。清萍亦精是術者。研究月餘，奥妙盡得。返里後，精益求精，遂神乎其技矣！嘗持一桿舞之，多人圍繞以水潑之，而身無濕跡。

太極拳自武當張三丰後，雖善者代不乏人，然除山右王宗岳著有論説外，其餘率皆口傳，鮮有著作。先王父著有太極拳解、十三總勢説略；復本心得，闡出四字訣。使其中奥妙不難推求，誠是技之聖者也！

有子五人：用康，郡庠生，候選府經歷；用懌，同治壬戌舉人；用咸，縣學生，候選鴻臚寺序班；用昭，縣學生；用極，國學生。孫十五人。次孫延緒（一八五七——一九一六），光緒壬辰翰林，出宰湖北。多攻文學，未深習是術。得其術者，惟李王姑之子經綸、承綸兄弟也〔四〕。

孫萊緒 謹述

校記

〔一〕本篇採自「李本」。「王父」，即祖父。「行略」，猶傳略也。

〔二〕「禮辟」以禮徵召。辟，此處作「徵召」解。

〔三〕「楊福」即楊福魁（字祿禪）。原文簡或脱一字。但此句可能係訛傳所致，因楊福魁「自幼即在陳長興先生處學習拳藝，彼時才十齡左右。」這是一九三〇年其孫楊澄甫函覆中央國術館之語。查楊福魁生於一七九九年，十周歲時為一八〇九年，即嘉慶十四年，下距道光元年尚有十餘年。

〔四〕「李王姑之子經綸、承綸兄弟也」李王姑，即武家嫁給李家的祖姑（俗亦稱「姑婆」）。經綸字亦畬，承綸字啟軒，兄弟倆皆能繼其母舅武禹襄之太極拳學。

太極拳圖説自序〔一〕

陳鑫

古人云：莫為之前，雖美而弗彰；莫為之後，雖盛而弗傳。此傳與受之兩相資者也。我陳氏自陳國支流山左派，衍河南始於河內而卜居，繼於蘇封而定宅。

明洪武七年，始祖諱卜，耕讀之餘，而以陰陽開合運轉周身者，教子孫以消化飲食之法，理根太極，故名曰「太極拳」。

傳十三世，至我曾祖諱公兆，文兼武備。再傳至我祖諱有恆，與我叔祖諱有本。我叔祖學業湛深，屢薦未中，終成廩貢；技藝精美，出類拔萃，天下智勇未有尚之者也！於是以拳術傳之我先大人諱仲甡，與我先叔大人諱季甡。

我先大人與我先叔大人同乳而生，兄弟齊名，終身無怠，詣臻神化。倘非有先達傳之於前，雖有後生，安能述之於後也！

我先大人命我先兄諱垚習武，命愚習文。習武者武有可觀，習文者文無所就，是誠予之罪也！夫所可幸者，少小侍側，耳聞目見。薰蒸日久，竊於是藝管窺一斑；雖未通法華三昧，而於是藝僅得枝葉，其中妙理循環，亦時覺有趣。迄今老大，已七十有餘矣！苟不即吾之一知半解傳述於後，不且又加一幸哉！

愚今者既恐時序遷流，迫不及待；又恐分門別户，失我真傳。所以課讀餘暇，急力顯微闡幽，纖悉畢陳。自光緒戊申〔二〕，以至民國己未〔三〕，十有二年，其書始成。又急繕寫簡册，雖六月盛暑，不敢懈也！

説中所言〔四〕，吾不知於前人立法之意有合萬一否？而要於先大人六十年之攻苦，庶不至淹没不彰也！亦不至以祖宗十六世之家傳，至我身而斷絶也！愚無學問，語言之間不能道以風雅，而第以淺言俗語聊寫大意。人苟不以齊東野語唾而棄之，則由升堂以至入室，上可為國家禦賊寇，下可為筋骨强精神。庶寶塔圓光世世相傳於弗替，豈不善哉！是書傳之於家則可，傳之於世，恐貽方家之一笑〔五〕。

民國八年歲次己未〔六〕九月九日書於木欒店訓蒙學舍〔七〕陳鑫序

校記

〔一〕本篇採自「鑫本」。文内説太極拳為陳氏始祖陳卜所創，傳至陳鑫，其傳遞情形為：

始祖陳卜……十三世陳公兆
- 十四世陳有恒
  - 十五世陳仲甡（一八〇九——一八七一）
    - 十六世陳垚
    - 十六世陳鑫（一八四九——一九二九）
  - 十五世陳季甡
- 十四世陳有本

上表係據篇內文字整理，僅供研究參考。

〔二〕「光緒戊申」即光緒三十四年，公元一九〇八年。

〔三〕「民國己未」「鑫本」誤作「民國乙未」，排印之誤。「己未」為民國八年，公元一九一九年。說明陳鑫所著太極拳圖說一書，從一九〇八年起寫，至一九一九年完成，前後共化了十二年，符合自序中所言。陳鑫生於道光二十九年己酉（即公元一八四九年），卒於民國十八年（一九二九年），享壽八十一虛歲。這說明他一生中有六十餘年生活在清代。而此書從清末寫到民初，因此，自序說「迄今老大，已七十有餘矣！」當時他已七十一虛歲了。

〔四〕「說中所言」說，指其所著太極拳圖說，原名實為太極拳勢。

〔五〕「是書傳之於家則可，傳之於世，恐貽方家之一笑」此句原是著者謙遜語。「鑫本」的正文無標點，而序文有老式的句號標點，似為後人所加。此句前十二個字的句讀原作「是書傳之於家。則可傳之於世。」這樣與後半句「恐貽方家之一笑」就不太切合了，故予訂正。

〔六〕「民國八年歲次己未」己未，「鑫本」誤作「乙未」。查公元一八九五年與一九五五年為乙未年，前者陳鑫尚未著此書，後者陳鑫早已故世。餘請見本篇校記〔三〕。

〔七〕「木欒店訓蒙學舍」木欒店為地名，訓蒙學舍即私塾。聯係到前文中所説的「課讀餘暇」句，説明陳鑫晚年是以教館為生的。河南以店為小地名者奇多，如鹽店、茶店、卸甲店、木欒店等皆是。

陳氏家乘·陳奏庭傳〔一〕

陳鑫 輯

陳奏庭，名王廷，明庠生，清入武庠〔二〕。精太極拳〔三〕。往山西訪友，見兩童子扳跌〔四〕，傍有二老叟觀，公亦觀之，老者曰：「客欲扳跌乎？」曰：「然。」老人命一童子與之扳跌。童子遂摟公腰，亮起用膝膝公氣海者三〔五〕。

將公放下，忽老幼皆不見。天亦晚，公悵然而歸。當上公與登封縣武舉李際遇善。登封因官逼民亂，以際遇為首。公止之。當上山時，山上亂箭如雨，不能傷公；遇一敵手，公追之，三週禦寨未及。李際遇事敗，有蔣姓僕於公〔六〕，即當日所追者。其人能百步趕兔，亦善拳者也。

公際亂世，掃盪羣氛，不可勝記。然皆散亡，祇遺長短句一首，其詞云：

「歎當年，披堅執銳，掃盪羣氛，幾次顛險。蒙恩賜，罔徒然〔七〕！到而今，年老殘喘，只落得黃庭〔八〕一卷隨身伴。悶來時造拳，忙來時耕田。趁餘閒，教下些弟子兒孫，成龍成虎任方便。欠官糧早完，要私債即還。驕諂勿用，忍讓為先。人人道我憨，人人道我顛。常洗耳，不彈冠，笑殺那萬戶諸侯〔九〕。兢兢業業，不如俺心中常舒泰〔十〕，名利總不貪。參透機關，識彼邯鄲〔十一〕。陶情於漁水，盤桓乎山川。興也無干，廢也無干！若得個世境安康，恬淡如常，不忮不求，那管他世態炎涼！成也無關，敗也無關！不是神仙，誰是神仙〔十二〕？」

校記

〔一〕本篇採自「鑫本」附録之陳氏家乘。陳奏庭乃陳氏家乘所記之第一人，亦是其中最詳盡的一篇傳記。據「鑫本」之校閲與助刊者南陽張嘉謀（字中孚）所撰温縣陳君墓銘中説：「……諱鑫，字品三，廩貢生。承其先志，服膺拳經。……成太極拳圖説四卷，又輯陳氏家乘五卷。可謂善繼善述，有光前烈者矣。」説明陳鑫所輯陳氏家乘原為五卷，而被輯為「鑫本」附録的篇幅並不大，或許是個節本。

〔二〕「**陳奏庭，名王廷，明庠生，清入武庠**」原為陳鑫之堂房兄弟陳森（字槐三）所藏的陳氏家譜，在九世祖王庭傍註曰：「又名奏庭，明末武庠生，清初文庠生。」「馨本」第三五八頁附註第十一條稱：「家譜中之陳王庭，族譜、墓碑、温縣志俱作陳王廷，應以陳王廷為是。」但此處未説明的一點是：陳王廷究竟是「清初文庠生」，抑是「清入武庠」？總之，家乘與家譜相互矛盾的地方不止一處。

〔三〕「**精太極拳**」「鑫本」自序中奉陳氏始祖陳卜為太極拳之創始人，説：「明洪武七年，始祖諱卜，耕讀之餘，而以陰陽開合運轉周身者，教子孫以消化飲食之法，理根太極，故名曰『太極拳』。」這段話的真實性是有待探索的。不過，陳氏家乘説陳奏廷「精太極拳」，那也就否定了「陳王廷是太極拳創始人」之説，這一點與自序倒是一致的。家乘談到「精太極拳」者，並非祇有陳王廷一位，其他如陳繼夏（乾隆末人）、陳有恆、陳有本、陳仲甡、陳衡山等各人名下，都有「精太極拳」字樣，這也可説是陳王廷非太極拳創始人之傍證。而陳氏家譜王庭傍註：「陳氏拳手，刀槍創始之人也。」「馨本」第三五八頁附註第二條中還曾説：「譜中凡拳技著名者，始傍註『拳手』、『拳師』、『拳手可師』、『拳最好』等字樣。」這不恰好與家乘中「精太極拳」、「好太極拳」、「善太極拳」、「習太極拳入妙」等等説法是一致的嗎？舉例來説：

陳繼夏　家乘稱其「精太極拳」。

　　家譜傍註：「拳手可師」。

陳敬柏　家乘稱其「好太極拳」。

　　家譜傍註：「拳手可師」。

陳鵬　家乘稱其「習太極拳入妙，人莫測其端倪。」

家譜傍註：「拳手可師」。

上述足以證明，「精太極拳」者，乃是「可師」之「拳手」。這兩者之間也無矛盾。總之，不論從家乘、家譜，都無法説明陳王廷是太極拳之創始人的。

〔四〕「**扳跌**」摔跤之俗稱。

〔五〕「**亮起用膝膝公氣海者三**」銓其大意，即：亮起腿來，用膝部撞擊王廷的氣海穴三下。氣海，穴位名，任脈要穴，在臍下一寸五分。古代有些著作把氣海當作「丹田」解，或認為是「男子生氣之海」。所以這段故事似是暗示其內功曾有神助之意。「膝膝」二字，第一個膝字是名詞，第二個膝字作動詞解。

〔六〕「**有蔣姓僕於公**」本篇只説及「蔣姓」，而後人却附會「有蔣發僕於公」，這也是有待於作進一步探索的。

〔七〕「**罔徒然**」「子明本」作「枉徒然」。「馨本」第三五〇頁引文亦作「枉徒然」。別本有作「徒罔然」。其實，「枉徒然」是白白地枉費心機的意思。而「罔」作「無」、「没有」解，罔徒然，則是「没有白白地」，這是作為下一句「到而今……」這種急轉直下境況的伏筆。以上説明，兩者雖屬反義，但皆可解，似以「鑫本」為是。

〔八〕「**黃庭**」即黃庭經，道教經典，全稱太上黃庭內景經、太上黃庭外景經，內容是以七言歌訣闡述道家養生修煉的道理。是因有晉代王羲之寫本而聞名於世。不過，而今流傳的王羲之寫本是太上黃庭外景經，係晉代永和十二年（三五六年）寫於山陰縣，距今也已有一千六百餘年的歷史了。

〔九〕「**笑殺那萬户諸候**」笑殺，與「笑煞」同。

〔十〕「**舒泰**」「子明本」作「舒坦」。

〔十一〕「**參透機關，識彼邯鄲**」「子明本」作「滲透機關，識破邯鄲。」

〔十二〕「**興也無干，……誰是神仙**」這最末一段共四十六個字，而「子明本」僅四句，即：「成也無干，敗也無干！誰是神仙？我是神仙。」唐豪在行健齋隨筆之陳王廷遺詩一文中認為，末段的其餘各句疑為陳鑫所加，其理由是：「語近贅累，當非原作。」